教師の協同を創る スクールリーダーシップ

杉江修治・石田裕久 編
Shuji Sugie & Hirohisa Ishida

ナカニシヤ出版

はじめに

　本書を編集した2名は協同学習を主な研究テーマとし，実践づくりに深くかかわってきた経歴をもっています。その経験を通して，学校は実際に，児童生徒に対して大きなプラスの力を発揮できるものなのだという確信をもつようになりました。

　協同学習の原理の理解を共有した学校体制での実践により，児童生徒が「我がこと」として意欲的に学びに向かう，率直に意見を交わし合う，さらに，学び合い高め合う仲間との間の信頼関係を経験することを通して自尊感情を高めていく，こういった姿を何度も目にしてきたのです。

　その一方で，学校批判の声は収まることはありません。教師に対する不満・不信も日常的に聞かされます。不当な批判も多いのですが，当然の意見もあることは確かです。

　ただ，学校を構成するスタッフ，すなわち教師たちは力がないのでしょうか。職務に対応する専門的な勉強をし，やりがいを求めて採用試験の高いハードルを越えてきたかれらです。これだけの資質を備えたスタッフをそろえることのできる会社はほとんどないのではないでしょうか。

　教育公務員としてのさまざまな縛りがあり，それが教師の活動を狭めています。一般の会社と比較すると，教育という，きわめて多様性，流動性をもつ難しい職務に取り組んでいるということもあります。

　それでもなお，学校批判を確実にはねかえすことのできる，児童生徒を確実に育て上げていっている学校がいくつもあるのです。教師の元々の力が発揮できる創造的な職場を実現している学校があるのです。

　多くの困難の中でなぜそのような成果を出せるのか。これは，私たちのように，1つの学校の実践とかかわるとは言っても1年に2, 3回の授業研究会での助言の形で訪問する程度の身では分かるものではありません。「この学校はどうしてこんなに素晴らしい学校に変貌したのだろうか」ということは常に疑問として心にかかっていました。呑気者の研究者であれば「協同学習を導入した

からだ」という程度の解釈で終わるでしょう。年に数回訪問した程度の研究者が学校を変えるほどの力をもつわけはありません。当該校の教師たちが変えたのです。協同学習の理論や方法はヒントや手掛かりにすぎません。

　編者二人は，多くの学校の変化を見ることのできる立場ではありました。そこでわれわれなりに分かったのは，学校の経営方針，すなわち校長をはじめとするスクールリーダーの手腕が果たす役割が大きいという，自明とされていることでした。ただ，その内実を知ることは難しい。どのような手腕の発揮があったのか，そこにもし原理があれば，それを共有できれば，より多くの学校がより大きく変われる情報となると考えたのです。

　本書は，小学校2名，中学校3名の校長経験者に自らの学校経営について執筆していただきました。いずれも校長として，学校を大きく変え，児童生徒の育ちの幅を広げる実践をされた方々です。5名の方々の現役のころの実践は，編者が実際に知っています。研究者から見ると，なぜこんなに良い方向に変わるのだろうという強い印象をもった学校のスクールリーダーです。退職後であれば，その手法の「秘密」にも相当程度言及していただけるのではないかという意図もあって，退職後に執筆依頼をしたものです。

　それぞれの実践は本文で紹介されるのでここでは触れません。ただ，いずれも「協同学習」に関心を示し，協同の原理を理解され，児童生徒への働きかけの原理としてだけではなく，教師集団づくりの原理として，さらには地域と学校が結び合う原理として機能させたという点では，共通性をもつように感じられます。

　編者の一人杉江は，2001年から2008年まで，愛知県犬山市の教育改革に授業改善のアドバイザーとしてかかわった経歴をもっています。そこで強く感じたのは，学校という単位を越えて，市教委を含めた町ぐるみで教育改善という課題に取り組む体制がつくられたことが，いかに有意義なことかということでした。市教委は「学校の自立」を目標に掲げ，学校の力を信頼することを出発点に置いてこの事業をはじめました。改革を通して，この時期の犬山市の子どもたちのプラスの変化は実に大きいものでした。実践的にも協同学習のメッカとなっていました。

　そこで感じられたのは，通常の教育行政の基本的な構え，すなわち管理の

発想ではなく，実践者の力量と意欲を信頼したうえで，個々の教師，個々の学校の個性発揮を期待することがいかに有意義かということです。本書の内容は，個々の学校の経営におけるスクールリーダーシップについて，大きな示唆を与えてくれると思います。同時に，教育行政も含む教育改善の基本についても重要な提言となりうるものだと感じます。

　なお，学校文化の枠内での議論にとどまらないよう，本書の最終章では企業コンサルティングの専門家丸山弘昭氏に会社経営の視点から有意義な意見をいただきました。ここからも今後のスクールリーダーシップを方向づける貴重な提言が得られたと考えます。

編者　杉江修治

目　次

はじめに　i

● I　教師の協同による学びを核とした学校経営 ── 1

はじめに　1

1　取り組みの構想　1
　（1）学校の実態　1
　（2）校長としての指針　2
　（3）「学びの学校づくり」に向けた基本方針の共有　3

2　取り組みの実際　4
　（1）「学びの学校づくり」の見通しを立てる　4
　（2）校内研修の進め方の工夫　6
　（3）年間計画を立てる　8
　（4）全校研究会の実例　9
　（5）研究協議の工夫　10
　（6）ボトムアップの工夫　12
　（7）授業研究の取り組みを研究紀要にまとめる　15
　（8）校外研修参加への積極的な呼びかけ　15
　（9）全校的な体制で子どもと教師を支える　16
　（10）学校から情報を発信する　16

3　評　価　19
　（1）学力と学習状況について　19
　（2）学校評価　20

おわりに　22

● II　学びの学校文化を育む校長の仕込みと仕掛け
　　　―ゴール設定と内発心・リフレクションを起点に―　　　── 25

　　はじめに　25
　　1　T小学校の現状と課題　27
　　　　（1）子ども・教師・保護者の様子　27
　　　　（2）校長の実態の捉え方　28
　　2　授業改善への着手　29
　　　　（1）拠りどころとした理論と実践　29
　　　　（2）研修の進め方　31
　　　　（3）指導法転換のための仕掛け　32
　　　　（4）授業改善に向けての事実の発信　35
　　3　授業改善の進展　39
　　　　（1）子どもの変化と教師・教師集団の変化　39
　　　　（2）研究的実践の具体例　40
　　4　校長の仕事　44
　　　　（1）自己変革への過程と同僚性の支援　44
　　　　（2）気づきを喚起する　45

● III　研修を核とした「自主協同」の学校づくり　── 49

　　はじめに　49
　　1　なぜ「自主協同」の学校づくりなのか　49
　　　　（1）「協同学習」は教育理念であり教育方法でもある　49
　　　　（2）「自主協同」を身に付けた子どもを育てる　50
　　　　（3）「協同」の良さを最大限に引き出す　51
　　2　なぜ研修を核とした学校づくりなのか　52
　　　　（1）質の高い教育は質の高い教員によってのみ保証される　52

(2) 生徒に寄り添い共に活動する時間を生み出す　53
　　　(3) 学校課題の解決と教師自身の成長を同時に達成する　54
　3　実践の心構えと重点的な実践事項　55
　　　(1) 管理者として，「優れた指導主事」として　55
　　　(2) 職員の協同の良さを引き出し生かす研修の工夫　59
　　　(3) 一人ひとりの職員が研修の主役になる　63
　　　(4) 個も集団もレベルアップする職員集団づくり　67
　おわりに　71

● Ⅳ　中学校管理職として目指してきたもの　　―人を育てる・共に育つ・今伝えたいこと―　── 73

　はじめに　73
　　　(1) 校長になるまでの経験　73
　　　(2) 教育委員会在職時代―何を学んだか　73
　　　(3) 教頭として見続けた校長の姿　75
　1　校長として求め続けたこと　76
　　　(1) 勤務校の概略と背景となる教育情勢　76
　　　(2) 目的をもった集合体としての学校組織　78
　2　「教師の意識改革」「授業改善」「学力向上」の実践
　　　―3校に共通した課題から―　79
　　　(1) 教師の意識改革　80
　　　(2) 学び合う教師集団となる授業改善　81
　　　(3) 学力向上を支える基盤づくり　93
　おわりに　95
　　　(1) 校長としての願い　95
　　　(2) 人を育てる，共に育つ　96

● V　多面的な働きかけを通して教職員の協同を高める
　　　　　　　　　　　　　　　　　　　　　　　————— 99

はじめに　99

1　H中学校の現状と課題　100
　（1）スクールリーダーとしての教育観　100
　（2）校長の発想を支える学問的背景　100
　（3）生徒や保護者，地域の実態　101
　（4）多忙化の中の教職員の姿　102

2　協同体制づくりの端緒と展開　102
　（1）協同づくりの第一歩―研修を予告する―　102
　（2）春休み中に業務計画を見直す　103
　（3）職員室，校長室の模様替え　103
　（4）校務会議の整理・統合と進め方の合理化　104
　（5）地域との協同づくり　105

3　研修体制の推進に踏み込む　106
　（1）課題共有化のための校内研修会とグランドデザイン　106
　（2）グランドデザインに対応した実践計画の立案　109

4　スクールリーダーによる教職員への指導　109
　（1）授業参観への構え　109
　（2）校長への相談と対応　110
　（3）相談しやすいスクールリーダーをめざして　111
　（4）かかわりに難しさを感じる教職員との関係づくり　111

5　協同を促すコミュニケーションの機会をつくる　112
　（1）協同を育む校内研修会　112
　（2）校内研修の高まりと支え　113
　（3）日常的な情報交換で協同を高める　115
　（4）コミュニケーション・サポート　116
　（5）保護者との協同を築く学校だより　116

6　教師の協同を高める生徒指導　119
   7　学校はどう変わったのか　120

- **終章　対談：優れた組織変革者とは？ ────── 123**
   企業組織改革の視点から見た学校経営　124
   危機感の共有からビジョンづくりへ　125
   組織をどう動かすか　127
   優れたリーダーシップをどう共有するか　130
   協同・同僚性をとらえ返す　132
   企業経営論からのアドバイス　135
   現場に神が宿る　138
   組織改革の8段階プロセス　140

あとがき　145

I 教師の協同による学びを核とした学校経営

水谷　茂

■ はじめに

　子どもはまず家族と対人的かかわりをもつことからはじまって，次に近所の子ども，さらに保育園・幼稚園の友だちへと自分の世界を広げながら人間関係づくりの基礎を学び，小学校に入学してきます。そして，9年間の義務教育の間に，教科の内容だけでなく人とのかかわり方や相手の気持ちを察するなど，生きていくために必要なことを学校生活の中で学び成長していきます。しかし，子どもの独りよがりな行動が原因で友だちとうまくかかわることができず，集団に溶け込めない事例をしばしば目にします。また，いじめが悪いと分かっていながら集団に流されて，いじめられている子の気持ちをくみ取ることができない子どもも少なくありません。そのために，学校や学級が「みんなと仲良くできないつらい場所」になっている子どもが出てきます。本来，学校や学級は子どもの大切な居場所であり，学校生活は自立して主体的に生きていく力を育むための大切な時間にならなければいけないはずです。

　私が校長として勤務した愛知県犬山市立J小学校（2009年度～2012年度）も，着任当初は人間関係をうまくつくれなかったり，独りよがりの行動をとったり，心の安定を欠いて切れやすかったりするなどの問題行動をとる子どもが少なくありませんでした。そこで，協同の学びを核とした学校経営を通して，子どもが自律的・主体的に生活できるように，教職員が同僚性を発揮してチームとして機能する学校づくりをめざしました。

■ 1　取り組みの構想

（1）学校の実態

　J小学校は児童数が850人を超える大規模校でした。里山に抱かれた田園地

帯にありますが，10年ほど前に大規模団地ができたことにより児童数が一気に倍増しました。急激な児童数の増加によって，学校の内外で問題が頻発するようになりました。また，校区内にある児童養護施設や母子支援施設から通う子どもも相当数いて，支援を要する子どもの比率が他校と比べてきわめて高く，多様な対応に迫られる学校でもありました。

　私は校長に就く4年前から2年間，教頭としてこの学校に勤務していました。前述したような実態があるため，教頭として勤務している頃のJ小学校は全体的に落ち着きが見られず，全校朝会など児童が集まる場では私語が多く，教師の話を静かに聞こうとする雰囲気は感じられませんでした。授業中の飛び出しや子ども同士のトラブルも頻繁で，教室から職員室へのSOSもたびたびありました。また，登下校時に子どもが起こす問題行動で保護者や地域からの苦情も多く，教職員はその処理に追われて疲れ切っていました。職員室では授業に関する話よりも，児童や保護者に対する不満が多く聞かれました。あらためて校長として赴任した時は，この状況を何とか改善しなければならないと強く思いました。問題が起こってから対処する後追いの解決策に終始するのではなく，毎日の授業を充実させ子どもが安心して学習できる場をつくろう，子どもを変える教師集団をつくろう，と心に決めました。そこで，学校経営の中心に協同の学びを据えて，授業改善を通して学校改革を進めていくことにしました。

(2) 校長としての指針

　J小学校には教頭として勤務していたことから，着任する前から児童の状況や保護者・地域の様子は分かっていました。それを踏まえ現状を良い方向に変えるためには，協同の学びを核とした日々の授業で，子どもが自律的・主体的に学び豊かな心を育むような「学びの学校づくり」をめざすことが第一であると考えました。子どもは誰でも伸びようとする存在です。その願いに応えるのが教師の役割であり，また，その取り組みこそが学校改革の近道になるという信念があったからです。

　子ども同士がつながり，お互いに支え合い認め合うようになれば「学ぶことは楽しいこと」と思えるようになります。学び合いの授業で子どもが変わり，学級が変わり，学校が変わります。そしてそのことが，地域や保護者の信頼回

復につながっていきます。子どもの姿を通してしか学校の状況を語ることも分かってもらうこともできません。しかし，これまでのように教師が思い思いに工夫をしているだけでは，学校全体の改革を達成することはできません。協同の学びを核とした授業づくりを学校改革の柱として，子どもが安心して伸び伸びと育つ学校にするために，次のような自らの指針を立てて臨むことにしました。

・協同の学びを核とした「学びの学校づくり」で子どもを育てる。授業改善のために校長が自ら率先して授業を公開するとともに，教師の授業づくりに積極的に関与する。教師全員にも授業公開を促す。
・支援を要する子どもや不登校になりかねない子どもに対しては，担任まかせにすることなく，チームを組んで対応する。
・保護者や地域に向けて校長自ら情報を発信する機会を増やし，学校に対する理解と協力が得られるように図る。
・子どもの安全を最優先に考え危機管理を徹底し，学校だけでなく地域全体で子どもを育てる。

(3)「学びの学校づくり」に向けた基本方針の共有

　新しい取り組みに抵抗はつきものですが，J小学校の現状を変えたいと願う気持ちは教職員に共通していました。また，教頭として勤務した折に共に苦労を分かち合った教職員も少なからず残っていたので，「学びの学校づくり」を進める提案について異論はありませんでした。しかし，理念だけでは学校は変わりません。改革の具体的な内容を全員が共通理解したうえで取り組まなければなりません。そこで，次の4つを基本方針として提案しました。2つ目の方針にある「単元見通し学習」とは，J小学校で試行的に取り組んでいた協同学習の授業モデルです。

①協同の学びを核とした授業を追究し，子ども同士の交流を積極的に取り入れた授業を展開する。
②授業研究を大切にする。授業研究は学年単位の研究を前提とした「単元見通し学習」で取り組み，全員が授業を公開する。

③支援を要する子どもも含めて、すべての子どもが安心して学べるように心がける。子ども同士の温かい人間関係づくりを大切にして、認め合い・高め合う集団づくりに努める。
④達成感や満足感のある授業を創造するために、評価を重視する。子どもの姿を通して自らの授業を評価し工夫や改善に努める。

また、基本方針に沿って授業改善を進めるための拠り所を明示して、J小学校がめざす学びとめざす授業を共有できるようにしました（表1-1）。

表1-1 J小学校がめざす「学び」と「授業」

【めざす学び】	【めざす授業】
・参加・協同・成就を基盤とした学び	・対話を重視した学び合い高め合う授業
・温かな人間関係の中で認め合い高め合う学び	・多様な交流活動を取り入れた授業
・子どもの探究と発見に基づく学び	・体験・操作活動を取り入れた授業
・学習への動機づけを大切にした学び	・「話す」「聞く」「関わる」ことを大切にした授業

2 取り組みの実際

(1)「学びの学校づくり」の見通しを立てる

2001年度から犬山市の14小・中学校では、協同的な学びを基にした「学びの学校づくり」と題した学校経営方針を各校が作成し、授業改善に取り組んできました。その流れの中でJ小学校も協同的な学びをめざした取り組みを行ってきましたが、十分な成果をあげるにはいたっていませんでした。日々の教育課題への対処に追われて、協同の価値を理解しようとする熱意を見失っていたからでしょう。

そこで「学びの学校づくり」の態勢を早期に整え、各自が目標と見通しをもって研究に取り組むことをめざしました。研修会で現職教育主任が研究主題を提示し、これから取り組む内容について一人ひとりの教師がきちんと理解できるように協議しました。教師の腹に落ちなければ研究主題は単なる御題目になってしまい、これまでと何も変わらない、形だけの研究になりかねません。その

ようにならないために全体研修会での協議を踏まえて各学年が話し合いを行い，発達段階に応じためざす子ども像と具体的な子どもの姿を言葉にしました。それをそのまま羅列するのではなく，全体として整合性があるかどうかを吟味す

表1-2　伝え合い　高め合う　J小の子

めざす子ども像	1年	考えたことを相手に分かるように表現できる子
	2年	自分の考えをもち，進んで伝え合う子
	3年	自分の考えをもち，仲間に分かりやすく伝えようとする子
	4年	目標に向かって，共に力を合わせ高め合う子
	5年	自信をもって自分の思いを表現し，仲間と高め合う子
	6年	伝え合い自分の考えを深めることができる子
	特別支援	最後までがんばる子
めざす子どもの具体的な像	話すこと 1年	話す順序に気をつけて最後まで話す
	2年	声の大きさに気をつけながら順序立てて最後まで話す
	3年	相手を意識して筋道を立てて話す
	4年	自分の考えをしっかりもって筋道を立ててはっきり話す
	5年	自分の立場をはっきりとさせ，理由を明確にして話す
	6年	表現を選んで自分の考えを明確に伝える
	特別支援	自分の思いを話す
	聞くこと 1年	話す人の方を見て，相手の話に反応しながら最後まで聞く
	2年	話す人の方を見て，相手の考えをしっかり聞く
	3年	自分の考えと照らし合わせながら聞く
	4年	自分の考えと共通点や相違点を見つけながら聞く
	5年	要点を捉えて聞き，自分の考えを見つめ直す
	6年	相手の意図を捉えながら聞き，自分の考えをまとめる
	特別支援	視線を合わせて聞く
	かかわり方 1年	ペアやグループ活動の中で話し合う
	2年	活動の中で仲間とかかわり，自分の考えを述べたり聞いたりする
	3年	進んで仲間とかかわり，自分の考えを述べたり役割を果たしたりする
	4年	考えをはっきり伝えるとともに，友だちの意見をしっかりと受け止める
	5年	全体交流を通して互いの意見を尊重し，その良さを見つけ合う
	6年	全体交流を通して幅広くかかわり，互いの考えを伝え合う
	特別支援	作業や活動を一緒に行う

ることは重要なことです。そこで，示された子ども像と具体的な子どもの姿を検討するために学年主任者会を開いて，学年間のつながりや表現が適当かどうか話し合い，不適当となった学年には差し戻しをしました。この手続きを丁寧にすることで，各学年がめざす授業の方向性がはっきりとしてきました（表1-2）。

さらに，学校改革に取り組む本気度を示すために，教師全員を対象にした授業公開を校長の私が最初に行いました。単元見通し学習による授業の進め方を提案し，授業の後の研究協議では多くの意見が出て，協同の価値を話し合いました。私に続いて，教頭が全員に授業を公開して，研究協議の場を提供しました。こうなると，他の教師も授業を公開しないわけにはいきません。また，より良い教育づくりに挑戦したいという教師の願いは"不易"ですから，教師の心に灯をともすことになりました。

（2）校内研修の進め方の工夫

子ども同士が認め合い・高め合う授業を実現するために，学年を単位として単元見通し学習に取り組むことを申し合わせました。これまでのように授業の進行に合わせて1時間ごとの指導案を作成するのではなく，単元見通し学習では，単元の学習に入る前に単元としての最終的な学習課題を設定し，さらにその課題を達成するための下位課題を設定します。そして単元で使用する教材・教具などをすべて準備してから単元の指導に取り組みます。特徴的なことは，第1時の指導で，単元の学習内容全体を子どもにきちんと伝え，学びの構えと見通しをしっかりつくる点です。

単元の学習が始まると，1時間の授業が終了するたびに，子どもの反応について学年で話し合い，手立てを検証し次の授業を改善していきます。ですから当初に立てた指導計画を修正しながら授業を進めることもしばしば見られました。はじめに立てた指導計画に固執することなく，子どもの姿に応じて柔軟に変えていく授業改善をめざしました。

また，教師全員を対象に公開授業を行う際には，中京大学から杉江修治教授を招いて指導を受け，私たちの研究が自己満足に終わらないように努めました。杉江教授は「研究的実践」の取り組みを提唱しています。研究的実践とは，仮説や予想を立て，実践し，評価して次に生かしていく改善サイクルをもった実

践のことです。実践には意欲的に取り組む教師が多いのですが、仮説を立てたり実践を評価して授業改善につなげたりすることに積極的に取り組む教師は少ないのが実情です。J小学校では、いわゆる「やりっぱなし」の学校文化を改めて、スパイラルに教師の授業力を向上させる研究的実践を研究の基本的な構えとしました。

校内研修の工夫で特筆すべき内容としては、毎年、夏季休業中に1つの学年の授業づくりについて、事前の段階から杉江教授にも参加してもらい、数日かけて集中的に単元見通し学習全体の指導案づくりをしたことです。研究者と実践者が協力して指導案を練り上げることで、実践者が授業づくりの新たな工夫に気づいたり、これまで実践してきたことに価値を見出して新たな方向付けができたりするなど、学びが多い研修会になりました。この指導案づくりには、該当学年だけでなく他の教師にも積極的な参加を促したので、毎回、私を含めて全教員の3分の1ほどが参加しました。一人で授業づくりをするのではなく、多くの教師がかかわってP（計画）→D（実践）→C（評価）→A（改善）のサイクルが機能する授業づくりについて話し合ったことは、研究的実践による授業改善の文化の定着につながりました。

どこの学校でも年度が変わると教員の異動があり、学校の教員構成が変わります。学校の空気が淀むことを防ぎ活性化させるために必要な措置ではあるものの、研究を継続的に発展させるためには障害になることもあります。というのは、年度当初は学年・学級事務に追われながら慌しく授業がスタートしていくので、異動してきた教員は前任校で行っていた授業をそのまま行い、新任は何も分からないまま暗中模索で授業を始めます。気を抜いていると、前年度までに学校が積み上げてきた成果を失い研究が後退することになりかねません。ですから年度変わりによる研究の停滞を未然に防ぎ、積み上げてきた研究をさらに進めていく工夫が必要になります。

そこで4月当初の本格的に授業が始まる前（入学式前後）に、前年度までに積み上げてきた研究成果と今後の課題について異動者等を含めた全員で共有し、本年度の研究のスタートラインを確認しました。さらに前年度までに公開された授業の一つをDVDで視聴し、具体的な子どもの姿を通してJ小学校がめざす学びの共通理解を図りました。この年度当初の研修会で「教師が教える授業

ではなく，子どもが学ぶ授業」を練り上げていくための意思統一を図りました。

(3) 年間計画を立てる

　すべての教師が学年による共同研究に参加し，年に一度は授業を公開し互いに学び合うことを要請したことから，公開授業の日程が重ならないように調整したうえで研究に取り組む必要がありました。そこで，4月当初に現職教育主任が各学年の授業公開の予定を調整しました（表1-3）。教師にとって他の教師の授業を観ることは何よりの勉強になります。しかし，30学級を超える学校ですから，すべての教師が，全部の公開授業を観ることはできません（私は出張がない限り，すべての公開授業を参観し研究協議にも参加しました）。そこで，全校研究会で授業を公開するのは学年で一人と決めて，学年による授業研究が一時期に集中しないように調整しました。全校公開をしない教師の授業は，低学年・中学年・高学年・特別支援の4部会の中で公開し研究協議を行うことにしました。全校公開にしろ部会公開にしろ，若い教師にとっては授業力を向上させる良い機会になりました。

表1-3　2012年度に実施した授業研究

実施月	実施学年（学年研究は「単元見通し学習」で実施）
4月	ビデオ授業研究※（研究のスタートラインの共通理解を図る）
5月	5年（道徳）・非常勤講師（算数）
6月	4年学年研究（算数※）・養護教諭（保健）・栄養士（学級活動） 1年（道徳）・特別支援（生活単元）
7月	校長（国語） 6年学年研究（体育※）　単元見通し学習指導案づくり
10月	6年学年研究（体育※） 1年学年研究（算数※）・常勤講師（音楽）
11月	3年学年研究（国語）・5年学年研究（国語※） 6年学年研究（国語）・特別支援学級研究（生活単元）・教務主任（書写）
12月	6年（道徳）
1月	2年学年研究（国語※）・2年（道徳）
2月	3年（道徳）・初任者研修（算数）・初任者研修（国語）

※は杉江修治教授の指導を受けた全校研究会を示す。

(4) 全校研究会の実例

　全校研究会には，非常勤講師を含めてすべての教師が公開授業を参観し，研究協議に参加しました。犬山市の小学校には，児童数に応じて算数と理科の非常勤講師（少人数授業・TT授業対応）が数人加配されています。非常勤講師は勤務時間の関係で，日頃，担任と打ち合わせる時間を確保することが難しく，休み時間等のわずかな時間で打ち合わせを済ませて授業に向かっているのが実状です。ですから，全校研究会で公開授業を参観し，研究協議で多くの教師との話し合いを通して，J小学校がめざす学びを共有することは重要なことでした（非常勤講師の勤務時間を超えた分については，振替の時間措置を行いました）。

　全校研究会は，J小学校がめざす授業をどれだけ実現できているかを全員で確認し，研究を前に進める場です。ですから実り多い全校研究会とするために，授業を公開する際には事前に授業者が公開授業で観てほしい視点を提示することにしました（表1-4）。参観者は，その視点に沿って授業で教師や子どもの姿を観察し，研究協議に臨みました。

表1-4　公開授業の視点例（5年算数）

①本時の授業のねらいを児童に理解させることができたか。
②教師の手立ては，学習目標を達成するのに効果的だったか。
③児童の主体的な学習を促す機会を提供することができたか。
④話し合いの過程で意見を練り上げ高め合うことができたか。
⑤振り返りカードは，児童が授業のねらいを振り返り，授業の成果と課題を把握するために有効に活用できたか。

　次の5年生の算数の授業は，単元見通し学習に基づいた授業提案の概要です。夏季休業中に数多くの教員が参加して，数日かけて集中的に練り上げた指導案に基づくものです。実際の授業に入る前には，13時間分すべての指導過程やそれぞれの時間で使用する学習プリント・学習の流れカード・児童の振り返りカード等の資料が準備できていました。全校研究会の公開授業に提示した本時の指導案の一部を紹介します（表1-5，太字は特徴的な箇所を示す）。

表1-5 公開授業における指導案（抜粋）

学習活動設定の意図	教師の活動と支援
○本時の学習の見通しをもたせる。	・学習課題を提示し，何ができるようになればよいのか説明する。 ・学び時計で，本時の学習の流れを説明する。
めあて：三角形の面積の求め方を友だちに説明できるようになろう	
○課題をじっくりと読み解き，個人の考えをもたせる。 ○グループの全員が説明できるようにする。 ○自分が考えた方法を言葉にして説明し合い考えを広げる。 ○本時に学んだことを確認し，次の学習につなぐ。	・後でグループで協議することを伝え個人の考えをもつように伝える。 ・グループで順番に説明し合い，考え方を確認するように指示する。 ・説明を聞くときにメモして，誰の説明が分かりやすかったかを記録するように伝える。 ・振り返りカードの例題を解いて，本時の振り返りを書くように指示する。

(5) 研究協議の工夫

　J小学校の教員構成は，50代のベテラン教師と20代の若い教師が大半を占め，中間層が非常に少ないというきわめて歪な状況でした。したがって，ベテラン教師が大量退職する前に，その経験や見識をきちんと引き継いでおくことが喫緊の課題でした。公開授業で感じたことや気づいたことを伝え合う研究協議会は，若い教師を育てる貴重な研修の場です。研究協議会で忌憚なく話し合うことは，若手のみならずベテランにとっても自らの指導を振り返る機会になり，双方にとってメリットがあります。研究協議をより有意義なものにするために，授業者は授業で観てほしい視点をあらかじめ示しておくことが重要です。視点の内容は授業者任せにするのではなく，私や現職教育主任も一緒になって検討しました。

　研究協議会では，基本的に5人から6人の小グループを編成して話し合いました。伝統的な全体協議会にすると，一度も発言することなく終わってしまう参加者が少なからず出てきます。そのような「あなた任せ」のままで時間を過ごしてしまう教師をなくし，すべての教師が主体的・対話的に取り組む活気ある研究協議会をめざしました。具体的には座席表に番号を付けて，司会や記録・発表といった役割を指定しておき，それぞれの役割に応じた責任を分担し

表1-6　研究協議の流れ

1	授業者の反省（5分）：公開授業について，気づいたことや反省を述べる。
2	授業に対する質疑応答（5分）：授業を観る視点に沿って質問し，授業者の意図を聞く。
3	研究協議Ⅰ（30分）：授業を観る視点に沿って，基本グループで話し合いを行う。
4	研究協議Ⅱ（20分）※どちらかの方式で行う 【お出かけバズ】：別に編成したグループで話し合いを行う。この際，基本グループで話し合った内容を伝え合う。 【スクランブル】：参加者が会場を自由に動き，基本グループ以外の人とペアをつくり，お互いにグループで話し合った内容を伝え合う。ペア交流は複数回実施する。
5	研究協議Ⅲ（20分）：研究協議Ⅱで得られた他のグループの協議内容を基本グループにもどって伝え，さらに話し合いを深める。
6	発表（10分）：基本グループで話し合った内容をまとめて発表する。
7	指導・助言（20分）：外部講師の指導・助言を受ける。

ました。この小グループは研究協議会を行うたびに編成し直し，より多くの人と意見交流を行い，教師自身がコミュニケーション能力や協調性を伸ばすよう意図しました。また，グループ内の役割も毎回変更して全員が役割を平等に引き受けるようにしました。研究協議で交流する場面においてもさまざまな協同の学びの手法を取り入れました。こうすることで研究協議会での体験を自分の授業に生かしてくれることを期待したからです。J小学校の全体研究会で実施した研究協議の流れは表1-6のとおりです。

　研究協議Ⅰのところで，基本グループの意見をまとめて模造紙に書き，研究協議Ⅱでは，それぞれのグループが模造紙に書いた意見を自由に見て回ったり（協同学習のメリーゴーラウンドの手法の応用形），各グループから同じ番号の人が集まってスペシャルグループを編成し，研究協議Ⅰの話し合いの内容を伝え合う（ジグソー法の応用形）という方法で交流したこともありました。さまざまな方法を使って交流したのは，協同による学びを促進する交流方法を知ってほしかったことと，自分で体験してその良さを実感してもらうためでした。また，自分の授業のやり方に固執するのではなく，研究協議を通して得られた内容を柔軟に取り入れて授業改善につなげてくれることも期待しました。このような全校研究会を定期的に実施することで，学校改革に不可欠な条件である同僚性（互いに支え合い，高め合いながら，成長していく関係）の高い教師集

団に変化していきました。変化につれて職員室での会話からも児童や保護者への不満が減少していき，授業づくりの話題が増えていきました。

(6) ボトムアップの工夫
1) 現職教育通信『五本松の学び』

　各学年の教師が単元見通し学習で授業研究に取り組み，その単元指導のどこかで一人ひとりが授業を公開しました。本来ならばすべての授業を全教員が参観して単元全体の学びを共有したいところですが，そのようにするには時間的に無理がありました。そこで授業公開があるたびに，その授業の様子や授業後に実施した研究協議の内容と記録者自身が授業から学んだことをA4用紙1枚にまとめ，教師全員に配付してもらうことにしました。これを「現職教育通信『五本松の学び』」と名付けました。

　『五本松の学び』は授業を公開する学年の教師が輪番で担当し，初任者もベテランも関係なく全員が年に1度は通信を書くことにしました。このようにすることで，授業を公開している学年が授業をどのように改善していくのかよく分かりました。教師は話すことは得意ですが，文章にまとめて表すことに対して苦手意識をもっている人が案外多くいます。ですから，公開された授業や研究協議の内容をまとめて通信を書くことは，授業の見方や感じ方ばかりではなく，文章そのものの書き方を鍛えることにもつながりました。もちろん，文章で伝えることに抵抗を感じる教師もいたので，要望があれば下書きした文章に私がアドバイスをすることもありました。現職教育通信『五本松の学び』を書かなければならないとしたことで，公開授業をしっかり参観して研究協議に主体的に参加しようとする意識が高まり，一人ひとりの授業力が培われていきました。前述した算数の公開授業に対して，同学年の教師が書いた現職教育通信『五本松の学び』を紹介しましょう。

2) 研究の振り返り

　研究した内容をきちんと評価し，年度当初に設定した「めざすこども像」や「めざす子どもの具体的な姿」にどれだけ近づくことができたかを検証することは，重要な手続きです。取り組みに対する評価活動は，年度末に行うことが

現職教育通信 **五本松の学び**

溝口先生，水野先生の授業（算数少人数）から学んだこと

　単元を通して「説明する力をつける」というねらいのためには，まずは子どもたちに課題をしっかり把握させる必要があります。そこで，冒頭の「直角三角形の面積の求め方」の説明に，10分という長い時間をとりました。ここは考えるための下地を作るところですから，押さえるところは押さえてという指導になりました。ここでの丁寧な指導が，その後の子どもが自分で説明する活動に生きた気がします。

　子どもたちが頭を寄せ，課題に向かって話し合っている姿は，とてもいいですね。ただ，今回，人の意見を聞いて自分に取り入れるという活動が弱いという課題が，浮き彫りになりました。ただ聞いているだけでは思考の絡まりがなく，意見の並列でしかありません。逆に一言一句聞き書きするのも，言語活動の成果が上がるとは決していえません。突っ込み突っ込まれの応酬があり，人の考えを聞いて自分の考えを広げ，また，自分を見つめ直すことで自分の意見を深めるという一連のサイクルを確立するためにも，この部分の強化に乗り出さなければならないでしょう。聞いてその要点をメモするということも一つの手立てだと思います。しかし，効果的にメモをとる力の習得は，とても難しい！　研究の余地が大いにあります。

　今回の授業公開の提案の一つに，振り返りカードの工夫があります。振り返りカードにあらかじめ13時間分の授業内容やめあて，その時間の学習が終わったら解くことができるようになる問題を載せました。そうすることにより，子どもが学習に見通しをもって取り組めるので，より主体的に取り組むことができると考えたからです。しかし，その時間のめあてに即して自由に文章表現するところは，書く観点が漠然としているので，子どもたちが書きづらかったり上滑りな感想に陥ったりする恐れがあることも感じました。ここも改善すべき点でしょう。

　どの子もとても真剣に，しかも楽しげに学習していました。本当はどの子にも，必ず向学心があるのだと改めて感じました。そしてそれを刺激して，自らの学びにつなげる手立てを考えねばと，新鮮な気持ちになりました。溝口先生，水野先生，ありがとうございました。

※「五本松」はJ小学校の開校直後に植えられた学校のシンボル樹です。

多いのですが,これではP(計画)→D(実践)→C(評価)はできても,次のA(改善)が単なる提案に終わることになります。犬山市では2学期制をとっていることもあり,半年ごとに学年・学校の取り組みを評価し改善につなげることにしました。学年で評価できる内容と反省しなければならない点についてきちんとした振り返りを行い,その結果を現職教育の場で発表・共有することで,学校全体としての研究の整合性と進捗状況を確認する場をもちました(表

表1-7 学年研究の振り返り項目の例(1年部会年度末評価)

1 成 果	
(全くない) ———————————⊕———— (とてもある)	
話すこと	人前で話すことに慣れた。 長い内容のことでも話すことができるようになった。 手を挙げて発言しようとする姿が増えた。 聞く人の方を見て話せるようになった。 話すことへの意欲がもてるようになった。 理由を付け加え言葉を選んで話せるようになった。
聞くこと	話している人を見て聞けるようになった。 聞く構え,話し手に聞いているサインを送る(姿)ことが増えた。 「一緒だ」「違う」などの反応が少し見られる。
かかわり方	意見交換のスタイルを理解した。 人とのかかわりから学ぶことが身に付いた。 どんな場面でも学び合うスタイルができるようになった。 友達を助けようとする姿が見られる。
2 課 題	
話すこと	人に聞こえる声の大きさで話す。 話し合いのときの声の大きさを調整する。 挙手して発言しようとしない子に話させること。
聞くこと	聞き取れていない。 落ち着いて最後まで聞くことができない。
かかわり方	言いたいばかりなので,高め合いになっていない。 さまざまな形でもスムーズに学び合えるようになること。
3 現時点で望むこの学年の次年度の方向性	
話すこと	声の大きさに気をつけながら,話すことがらを順序立てて相手を意識して話す。
聞くこと	聞いたことを理解して,次の活動につなげる。
かかわり方	課題に対して,ペアやグループでお互いの考えが分かるように意見交換する。

※3領域ともに「まったくない―とてもある」の4段階で評定,数値化した。

1-7)。半年に一度評価活動を行うことで,学年で研究授業に取り組む期間だけではなく,日常的に「めざす子ども像」や「めざす子どもの具体的な姿」を意識することが増えました。

(7) 授業研究の取り組みを研究紀要にまとめる

　授業を公開して研究協議を行い授業改善につなげる取り組みは,どこの学校でも実施していることです。しかし,学校全体としてそれぞれの実践をきちんと評価し,有機的なつながりをもたせて次年度の方向性を明らかにする取り組みはあまり見られません。成果と課題を引き継ぎながら継続的に研究を高めていくためには,そのような手続きが欠かせません。そのためにまず,年度当初に「研究的実践に取り組む」という覚悟を共有しました。その際,年度末には各学年が取り組んだ実践をP→D→C→Aの評価サイクルにしたがって集約し,研究紀要『J小の里』として冊子にまとめることを確認しました。『J小の里』には,各学年の取り組みの他に現職教育通信『五本松の学び』や保護者アンケート結果,研究論文等を載せました。研究の取り組みに自己満足するためではなく,研究的実践の姿を形として残すことで次年度のスタートラインを明らかにするためです。研究をやりっぱなしで終わらせてはいけません。

(8) 校外研修参加への積極的な呼びかけ

　学校内で若手を育てることも重要ですが,学校の外に出て他校の教師と交流して学ぶことも,教師としての成長を促します。私は犬山市小中学校校長会の組織の一つである研修部を進んで担当し,「犬山市授業研究会」の担当校長を4年間務めました。この研究会には,毎年,犬山市内の14小・中学校から若手やベテランが40名（犬山市の教員の10％強）ほど集まりました。会員は研究テーマごとに分科会に分かれ,毎月,各自が進めている研究的実践について交流しました。会員は交流を通して得られた内容を自分の学校にもち帰って広め,それぞれの学校の授業改善に役立てました。また,年度末には研究の成果を冊子にまとめて発信しました。私は本校の教員にこの授業研究会に参加して研修を深めることを強く勧め,毎年10名ほどの若手やベテランが参加していました。犬山市授業研究会は,広域の教師の協同を促す有意義な取り組みでした。

(9) 全校的な体制で子どもと教師を支える

　校長の重要な役割の一つは，子どもが安心して学ぶ環境をつくることと，教師が意欲的に授業を創ることへの支援です。子どもが安心して学ぶためには，学級の安定した状態を維持することが欠かせません。協同の学びを核とした授業を積み重ねることで，協力的で温かな雰囲気の学級が形成されていきます。しかし，時には，友だちとうまく関係をつくれない子どもも出てきます。保護者の悩みや地域からの苦情を受けることもあります。そのような兆候や状況が見られたら，早い段階で関係者による支援会議を開いて対応を協議し，子どもと担任を支えることに努めました。心がけたことは，担任まかせにしない（困難なことを担任だけに背負わせない）ということでした。担任等が問題を感じたときに気軽に話し合う場（支援会議）をつくっておくことで，いじめや不登校などの問題を早期に発見することができます。支援会議には，担任を含めた関係者全員が出席するのはもちろんのこと，校長や教頭，養護教諭や特別支援教育コーディネーター等の校内の教員に加えて，必要に応じて犬山市子ども未来課（児童福祉，子育て支援，保育園・児童センターなどを所管）の職員や児童相談所にも参加を要請して，いろいろな角度から検討を加えて全校体制で早期解決をめざしました。養護教諭などの専門職がもっている力を発揮することで，教師間に有機的なつながりを創ることができ，教師の協同を生かした"チーム学校"としての取り組みの一つになりました。子どもの中には，学級になじめず保健室で半年以上過ごした子どももいましたが，支援会議で何度も対応を話し合いながらじっくりと取り組み，少しずつ学級に戻っていくようにしました。また，保護者とのトラブルがあった場合も，担任だけに対応をまかせるのではなく，支援会議で学校としての対応を共有したうえで，状況に応じて対処するよう心がけました。その甲斐あって，J小学校は大規模校であるにもかかわらず，私が勤務していた間は不登校児童はゼロで，毎日の欠席数も1けたの日がほとんどでした。

(10) 学校から情報を発信する

1) 校長通信『五本松かぜだより』

　保護者や地域の理解と協力を得るために必要な取り組みの一つが，学校の情

報をきちんと発信することです。学校はどのような子どもを育てたいのか，子どもの学校での様子はどうかなどを定期的に知らせることが信頼を得ることにつながります。昨今はホームページで学校情報を発信することが主な手立てとなり，J小学校でもホームページを使って日々の情報を発信していました。私はホームページによる発信は各学年の教師に任せて，紙媒体による校長通信『五本松かぜだより』を毎週1回発行して，私が見つけた子どもの成長の1コマを保護者に配付することに力を入れました。また，校長として大切にしていることや教育方針，子どもの活動の様子や意義なども伝えるように努めました。『五本松かぜだより』の一部を紹介します。

五本松かぜだより　　2011年7月11日

　2年生は，6月に体験した「町探検」の活動の様子をまとめて1年生に伝えました。グループごとにペープサート（紙人形劇）や紙芝居・カードなどを作って，少しでも1年生に分かってもらおうとする姿がすばらしかったです。発表を終えた2年生は「ドキドキしたけど，うまく発表できてうれしかった」など口々に満足感を担任に伝えました。

　5年生は「自然教室」の活動内容や気をつけることなどをまとめて4年生に伝えました。「キャンプファイヤー」の説明ではスタンツ（学級の出し物）の実演を交えて熱心に伝えていました。分かりやすく伝えるために，ここでもペープサートや劇・写真・実物などを入れながら聞き手が飽きない工夫をたくさんしていました。

　同様に6年生は「修学旅行」で体験したことをまとめて5年生に伝えました。教室に3カ所のブースを設けていたので，お互いの発表の声が重なり聞きにくいように思いましたが，子どもたちは気にする様子もなく，発表する方も一生懸命なら聞き手も集中して聞く姿が印象的でした。6年生にもなると，長い説明でもメモを見ないで堂々と話す子が多く見られ感心しました。これは，低学年のうちから伝える活動を繰り返してきた成果であり，子どもたちのプレゼン能力を確実に育んでいます。さらに，聞く側にとっても，来年の活動に対して期待をふくらませるだけでなく多様な発表方法を学ぶ良い機会になっていて，双方にメリットがある学習機会であると考えています。

2) 学校通信『J小の里』

　学校と地域が連携・協力し地域全体で子どもを見守る努力は，子どもの安心・安全を確保するためには欠かせません。そのために登下校を中心に子どもの安全を見守る「子ども見守り隊」を組織したり，「子ども110番の家」の普及に努めたり，通学路を中心とした啓発地図「ヒヤリマップ」を作ったりしました。これらの3つの事業は地域全体で組織されたJ小学校区コミュニティ推進協議会と協力して行った取り組みの一つです。コミュニティの方々からは，総合的な学習の時間にも積極的な支援を受け，校外の体験的な活動を豊かに展開することができました。

　また，地域との協同を生む下地をつくるために，毎朝7時過ぎから校長と教頭が手分けして通学路に出向き，子どもの登校状況を見守り全員が校門をくぐるのを見届ける活動を4年間続けました。教師が率先して地域に姿を見せて子どもの安全確保を図ることで，地域で子どもを守ろうという呼びかけにも理解と協力が得られました。さらに，毎月1回，校区の全世帯（3,000世帯余）に「学校通信『J小の里』」を犬山市の広報とともに配布してもらいました。『J小の里』には校長のコラム「校長室の窓」を設けました。このコラムを通して私の考えや学校の様子などを手書きで伝えました。活字ではなく手書きにこだわったのは，私の思いをより強く伝え，地域の方からJ小学校の子どもたちが愛されることを願ったからです。2011年6月号を紹介します。

校長室の窓　　　　　　　　　　　　　2011年6月

　修学旅行では貴重な体験をしてきました。一日目の京都で金閣寺を全員で見学した後，子どもたちは，班に分かれて見学したい施設3カ所を約4時間かけ，市バスや地下鉄・徒歩で巡ってきました。もちろん，事前に経路や交通手段・所要時間等を入念に調べ当日に備えました。しかし，当日の天候は全国的に荒れ模様で，清水寺から出発しようとする直前に，滝のような雨と激しい雷に襲われ出鼻をくじかれました。待機すること30分，ようやく晴れ間が戻り，子どもたちは班に分かれそれぞれの目的地に向かいました。私もチェック係として二条城に向かいました。ここでも天候が急変し，激しい

雨と雷に襲われました。二条城で待っていると，私を見つけた子どもたちが笑顔いっぱいで駆け寄ってきました。その嬉しそうな顔から，ここまで来る道々の不安を想像することができました。迷いながらもグループで相談したり近くの大人に聞いたりして目的を達成した喜びは大きいと思います。子どもたちは大きな壁を乗り越えたのです。このような天候の中をやり遂げた子どもたちを誇りに思います。

3 評　価

(1) 学力と学習状況について

　私が校長を退職して半年ほど経った頃，J小学校の2013年度全国学力・学習状況調査結果のうれしい概要を知ることができました。期待はしていましたが，予想を超える成果に驚きました。実は，犬山市は2012年度まで全国学力・学習状況調査に参加しておらず，私が退職した直後の2013年度に初めてこの調査に加わりました。校長として4年間進めてきた学校改革で，子どもの授業に向かう姿勢が大幅に改善したことや教師の同僚性が高まったことで，学校全体の雰囲気が好転した手応えを十分に感じていました。その主観的な手応えを全国学力・学習状況調査という大規模調査（対象児童数110万8千人余）を通して具体的な形で確認できたことは，私にとっても大きな喜びになりました。

　学力調査では国語と算数のAとBの4つの領域すべてで全国の平均正答率を上回り，とくに算数Bは全国で3番目に高かった石川県の正答率の数値に匹敵する結果だったということでした。これは交流活動を中心とした学び合いの活動で，自分の考えを表現したり深めたりする子どもをめざしてきたからこそ得られた成果ではないかと推測しました。標準偏差も全国と比べて同等または小さいということでした。標準偏差が小さいということは，J小学校6年生の大きな集団内（148名）の学力の開きが少ないということであり，いわゆる正規分布では中間にくる頂点が右側の高い方にシフトしていることになります。このことは協同による学びを通して，すべての子どもが力を伸ばしたことを意味しています。一部の子どもを伸ばすのではなく，すべての子どもの成長を促すことが学校の役割であり，私が学校改革でめざしてきたことの一つだったので

喜びもひとしおでした。

　また学校質問紙の項目では「個に応じた指導」以外はすべて全国の基準を上回っていたようです。とくに「教員研修・教職員の取組」「算数科と国語科の指導法」が全国の基準を大きく超えていました。「教員研修や教職員の取組」と「算数科と国語科の指導法」については，学年がチームを組んで研究的実践に取り組み授業改善に力を入れてきた結果として受け止めました。「個に応じた指導」が全国の基準を下回ったのは，設問にあるような習熟度別の少人数指導を実施してこなかったからでしょう。教室は社会の縮図であるべきです。多様な能力や考えをもった人が集まって社会生活が成り立っています。習熟度別授業で同じような能力の子どもを集めることで，一人ひとりを伸ばすことができると考えるのは短絡的です。能力的に劣ると見なされたグループの子どもたちは，学力のみならず意欲の面でも伸びる芽を摘まれてしまいます。そうではなく，多様な子どもが伸び伸びと取り組む授業には，グループ・ダイナミクスから生まれる学び合いや高め合いが期待できます。こういう考えに立っていましたから，「個に応じた指導」が全国の基準を下回ったことは，改善すべき問題というより私たちの指導方針に沿った結果だと受け止めました。

(2) 学校評価

　独りよがりの学校改革にならないために，地域の住民や学校関係者からの学校評価をきちんと受けることが重要です。学校評議員会（評議員数15名。学校から委嘱したメンバーであり学校教育法で定める評議員ではない）を年間3回開催し，その都度，子どもが学習している状況を参観したうえで，率直な意見交換をする懇談形式で実施してきました。子どもの姿で評価されるのでごまかしはできませんが，年を経るごとに皆さんの評価が高まっていきました。また，毎年3月には保護者を対象に，当該年度の学校教育活動に対するアンケート調査を実施しました。保護者も学校改革を進めるチームの大切な一員だからです。評議員会での意見や保護者のアンケート結果から得られた意見を真摯に受け止めながら，職員全体で年度末評価をきちんと行い次年度の改善策を検討しました。保護者アンケートの結果と次年度の改善策の内容については，毎年4月に行うPTA総会で保護者に伝え理解と協力を得ることに努めました。こ

問1 学校は，教育方針をわかりやすく伝えるために努力している。

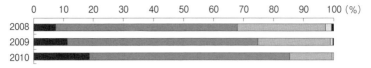

問2 学校の様子を学校通信等で地域や家庭に分かりやすく伝えている。

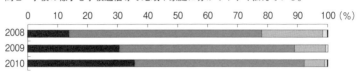

問3 学校は，保護者・地域の願いに応えている。

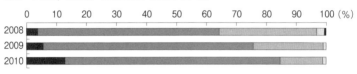

問4 授業は，分かりやすく工夫されている。

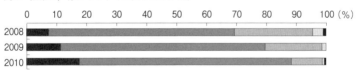

問5 子どもは，意欲的に授業を受けている。

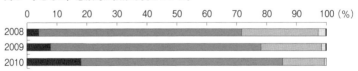

問6 教師は学習の成果に関して丁寧に事後指導している。

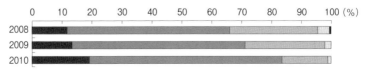

■とてもそう思う ■そう思う ■あまりそう思わない □全くそう思わない ■無回答

図1-1 保護者によるアンケート調査（協力保護者数：502人 実施日：2011年3月17日）

のアンケートは12の設問（4者択一）と自由記述で構成され，私が校長として着任する前から使用されていたものです。私が着任する前年分（2008年度）と着任後2年分のアンケート結果の経年変化が分かるグラフがありますので，その一部を紹介します（図1-1）。

■ おわりに

　「友だちに教えてもらってよく分かった」「友だちの意見で考えが変わった」など，子どもが充実感や満足感を感じる授業には，つまずきを乗り越える成功体験がたくさん詰まっています。男女関係なく誰とでも交流する子どもの心には，仲間を信頼し共に伸びようとする気持ちが育まれています。子どもの「学びたい」という願いを真摯に受け止め，協同による学びを核とした学校経営で，4年間授業改善に重点を置いた学校改革に取り組んできました。教師を悩ます諸問題にはチームを組んで解決をめざし，教師本来の仕事である授業づくりに専念できる環境づくりに意を注ぎました。教育の成果は子どもの姿でしか語ることができません。私が校長となって1年を経ないうちに，子どもの姿や教師の取り組みが変わりました。教室からの飛び出しはなくなり，全校朝会では集中して話を聞こうとする気持ちが伝わってくるようになりました。どの教室でも子どもが前向きに学び，楽しそうに交流する姿を見ることができるようになりました。

　学校改革は個々の教師の頑張りだけでは達成できません。学年や部会といったチームで協同し，アイデアを出し合いながら積極的に授業改善に取り組んできたからこそ成し遂げることができたのです。授業改善の牽引役を果たしてくれた現職教育主任が，愛知県の優秀教員として表彰されたことも誇らしい思いでした。幸いなことに私が校長に着任した当初から，全校研究会や授業研究会で杉江修治教授の指導を受け続けたことで，道に迷うことなく学校改革を進めることができました。このように研究者と実践者が協力することは，協同の基本原理に沿った視点から客観的な助言を得ることができるので，とても有効であると思いました。協同の学びには学校を変える力があることを改めて実感した4年間でした。

参考文献

杉江修治・水谷茂　2011　単元見通し学習への挑戦―子どもの主体的な学びを促す「学びのマップづくり」（協同教育実践資料 15）　一粒書房

杉江修治・水谷茂　2017　教師の協同を創る校内研修―チーム学校の核づくり　ナカニシヤ出版

学びの学校文化を育む校長の仕込みと仕掛け
―ゴール設定と内発心・リフレクションを起点に―

山本美一

■ はじめに

　教師が学校課題を共有し，一人ひとりが個性に応じて主体的，自律的，協同的に教育改善に取り組むための継続的な協力体制をつくりあげるにはどのような仕掛けや工夫が必要なのか。私に与えられているのは，この課題に対してできるだけ具体的に答えることでしょう。そこで，その課題解決に少しでも近づくために，私が校長として4年間在職していた，名張市立T小学校での取り組みを紹介しながら，どのようにして教師の同僚性をつくりあげていったのか，そしてそれによって学校内にどのような変化が生まれたのか，について紹介したいと思います。

　またここではT小学校の実践例を紹介するだけではなく，実践例の紹介を通して，与えられた課題の解決とT小学校での取り組みをつなぐ要素は何なのか，そして，その要素を用いてどのように教師の協力体制へと導いていくことが可能なのかを，サブタイトルに挙げた，「ゴール設定」「内発心」「リフレクション」をキーワードとして説明してみたいと思います。

　まず，「ゴール設定」ですが，学校経営方略の一つとして大切なのは，現状をきちんと踏まえたうえで明確なゴール設定をしなければならないということです。T小学校の子どもたちの学び合いのゴールは「学びの創造」ですが，かれらの学びを創造していくためには同時に教師の成長を促すことが必要であり，そのためには「学びの学校文化」の創造が求められます。このゴール設定により，教師一人ひとりが個性に応じて主体的，自律的，協同的に教育改善に取り組むための持続可能な協力体制をつくりあげる，という課題解決の道筋につながると考えたからです。なぜなら，教師集団はどこに向かって進んでいくのか，また，進んでいけばよいのかという明確な旗印があってこそ，意識的に前に一歩を踏み出すことができるからです。そのためには，学校管理に当たる者とし

ての「理想」や「理念」を提示し，リーダーとして高い「理想」に向けた献身を示す必要があります。最近，何かと世界の注目を集めているトランプ米大統領ですが，彼の就任演説について毎日新聞の朝刊は，「米国ではなくなった」と題して次のように書いています。「国民の耳に心地よい話をして，国際協調と程遠い姿勢を示す米国。世界はその姿勢に敬意を抱くだろうか。米国の国際的影響力の源泉は軍事力や経済力だけではない。理想を語ることで米国大統領は世界のリーダーとして存在しえた」のだ，というわけです。現実への対応ももちろん必要ですが，向かうべき理想を示すことは，リーダーとして不可欠な資質だと思います。

　次に，「内発心」です。人間であれば誰しもがもつこの心理は，学校教育を支える教師にももちろん備わっているはずであり，教師を志望した人間であれば，誰もが良い授業をしたい，子どもの力を引き出したい，といった強い思いを秘めて教壇に立ったことでしょう。しかしながら，教師になって年数を経ていくうち，眼前の課題との格闘に追われる日々にその初心はどこかに追いやられてしまっている，という現実を目の当たりにしてきました。一方で，良い授業をしたい，子どもの力を引き出したいと願い，真摯に実践に打ち込む教師の姿を，奇異な目で見るような教師文化が存在しているのも事実です。本来ならば当然とされるはずの「内発心」を，あえて重要な要件として挙げなければならないところに，教育現場という風土が抱える問題性が表れているように思います。

　3番目の「リフレクション」ということですが，これは，鏡に映った自分，すなわち，自分自身が，今どの位置に立っているのかを客観的に知ることが大事だということです。現在の自分の立ち位置や立場を知ることで，「今まで＝過去」と「これから＝未来」をつないで，自分たちの実践を振り返りながら，ゴールに向かって歩み続けることが可能になるからです。

　以上，3つの基本要素を学校経営の主軸としながら，子どもの姿，教師の姿，保護者の姿，学校を取り巻く地域の姿，そして，管轄する教育委員会の姿から，その3要素とのかかわりを明らかにしたうえで，教師の協同体制をつくるための「仕込み」や「仕掛け」を考えていきました。また，この「仕込み」や「仕掛け」は校長として意図的，明示的に行ったものもあれば，私のさまざまな発信の内に暗示的に示されていたものもあります。この根底にあったのは，どの

子も伸びる，どの子も伸びたがっているんだという，人間の成長可能性に対する信頼でした。本章に掲げたサブタイトルにはそうした想いが込められています。

■ 1 T小学校の現状と課題

(1) 子ども・教師・保護者の様子

　私が在職（2005年～2009年）していたT小学校は，1939年に大阪のベッドタウンとして開発された三重県名張市内の団地の中にある，もっとも規模の大きな小学校（児童数629名・25学級）で，この学校に着任時の児童，教職員，保護者の様子は，次のようでした。

　授業中は児童の私語が多く，立ち歩き，口論，喧嘩がある，授業の中断，教室の飛び出し等が頻繁に起こる，職員室で仕事をしている教職員にも緊急の呼び出しがあって教室に飛んでいく，教室から飛び出した子どもを探しに出かけるなどと，職員室も常時出動体勢を取らなくてはならない緊張状態の中にありました。さらに，保護者からの電話によるクレーム対応に追われ，担任が本来の仕事に集中できず，教職員も過度の緊張状態の中で日々の業務を進めているといった状況でした。そうした事態の中で教職員はピリピリしながら何とか目の前の問題を解決しようと，対症療法を繰り返すばかりだったため，かえってその対応が生徒指導上の問題をこじらせ，保護者からのクレームを増幅させるとともに，教職員や学校に対する不信感を煽る結果になってしまっていたのでした。赴任した年度の始業式が終わり教室にもどった6年生が，教室内でのふざけ合いから取っ組み合いに発展し，教室の窓ガラスを割ったのですが，そのことを担任が保護者に連絡すると，なんでうちの子が悪いのか，学校の対応に問題があるのではないかと逆に詰め寄られてしまう有様でした。子どもは子どもで自分の正当性を主張し，親はその言葉を鵜呑みにして，学校はうちの子ばかり責めるという学校不信を抱かせることになっていたのでした。

　一方，子どもたちの学力の状況について，赴任した前年度末の学習成績の記録をたどってみると，子どもたちの学習意欲や態度，学習後の各教科のテスト結果については，大きなばらつきが見られました，とくに，国語科，算数科に

おいては成績が偏っており，教科目標に関して達成できている子と達成できていない子の差がはっきり出ており，学習意欲や態度の結果もそうした学力の偏りと重なったものでした。また，前年度に学級内での授業が成立しにくい状況（学級崩壊）だった学年の子どもたちの中には，積み上げ式に学習が進められる算数科でつまずいている子どもが多く見られ，教師の努力にもかかわらず学年の目標が達成できず，格差が広がっている状況が認められました。さらに，目標達成の困難な子どもたちは，学習意欲を低下させ，学習態度にもむらが出て，学級の全員が集中して取り組んだり，力を合わせて目標を達成していこうとするモチベーションも高まりにくい状況でした。これらの原因は，子どもたちの間に良好な人間関係が築けていないこと，また，教師の同僚性が育まれていないことにあったのですが，当時は，日々の生徒指導や保護者の対応に追われ，なぜそういう状況がもたらされたのかも分からず，ただただ大変な学校だという思いで過ぎていたのでした。

(2) 校長の実態の捉え方

　かつてソルトレーク冬季オリンピックで，フリースタイルの女子モーグル決勝で里谷多英選手が3位に入り，長野五輪に続いて2大会連続でメダルを獲得したことがありました。それを告げる新聞各紙の中に，次のような記事がありました。

> 「なぜ，五輪に強いのか？　私自身は，そこに合わせて頑張ってきたからで，不思議なことはないと思います」。94年10月から日本チームのコーチを務める米国人のスティーブ・ファーレンは言う。「彼女の心の窓が開いている時間は1日で30分しかない。天才肌だ。チームで練習している途中，突然一人で切りあげて，宿舎にもどることがあった。だけど，窓が開いている間は素晴らしい集中力を見せる。その集中が五輪前には3週間続いた」とファーレンは言う。連日，コースが閉鎖されるまで一人で滑り続けた。「これが一年続けば，男子よりも強くなれる」（朝日新聞）。

　「彼女の心の窓が開いているときは，1日で30分しかない」という言葉の意

味は，やる気のある時間はわずか30分しかないということだと思います。しかし，これをどのように受け取るのかということが，学校経営を進めていくうえでの大きな分岐点となると考えるのです。

　ネガティブに受け取れば，「1日に30分しかやる気のないやつは上達しない，そんな怠け者はだめだ。まして，チームで練習している途中に，突然一人で切りあげ，宿舎にもどるような身勝手な人間など上達するはずがない」と精神論をぶって，その選手の芽を摘んでしまうのではないかと思います。

　一方，このことをポジティブにとらえる校長は，1日に30分も集中できる素晴らしい力をもっているのなら，その力を徹底的に引き出し，力をつけようとします。

　前述したT小学校の子ども・教師・保護者の様子を目の当たりにして，マイナスに働いているエネルギーは逆転させればプラスのエネルギーに転換でき，素晴らしい力を発揮することができるぞと思うのか，いやいや，とんでもない学校に転任させられた，打つ手など考えられないと思ってしまうのか，管理者としての立場はそのどちらかに二分されるのではないかと思います。このことは，言い換えれば，校長職に就くことはゴールなのかそれともスタートなのか，ということになります。私が協同の理念に基づいて，当該校を学びの文化が根づいた学校に近づけられた分岐点は，子どもを含め人間の可能性を日々の生活の中で見つけ，引き出そうとしてきた私の人間観が大きく影響していると考えています。

■2　授業改善への着手

(1) 拠りどころとした理論と実践

　私が教師として，また教育行政に携わる者として一貫して抱いていた思いは「人間のもつ無限の可能性への信頼」であり，その力を教育という営みの中で引き出したい，ということでした。そして，そのための授業展開の模索を続けてきたのですが，その授業方法について大きな転換となったできごとは，障がい児・者に対する差別発言を解決しようとしている場で指摘された，「生活の中で仲間づくりを進めているようだが，授業の中での仲間づくりは行っています

か？　授業の中で子どもたちをつなごうとしていますか？」という問いかけでした。

　私は，授業の中での仲間づくりなど考えもしなかっただけにショックを受けると同時に，実際の授業展開の中で具体的にどういう方法で子ども同士をつなぐのかにも，考えは及びませんでした。それまで仲間づくりと授業づくりは別のものであると考えていたからです。そのできごとを契機にして，授業の中での仲間づくりとは一体どういうことなのかと，強い関心と興味をもつようになりました。

　これとは別に，授業の中で教科の目標を達成し，同時に子どもたちの人間関係づくりを図るという授業展開の手法を導入している，愛知県犬山市の授業実践に出会いました。そして，その理論と実践を指導していた中京大学の杉江修治教授の知遇を得て，授業の中で「教科目標」と「仲間づくり」を同時に達成していくという，授業改善に着手することができたのでした。

　授業の中で「教科目標」と「人間関係づくり」を同時に達成していくという教育方法論は，「協同学習の理論」である「統合の理論」と「同時学習の原理」を理論的な根拠としています。45分間の授業展開の中で課題とゴール設定をし，その手順および展開過程を説明したうえで，授業の進め方を子どもたちに委ねるという方法です。そして，かれらが委ねられた活動を通して，「認知目標（教科目標）」「態度目標（仲間づくり）」を含んだ「課題」とその「ゴール」を，自らの活動を通して達成していく，というものです。したがって，「統合の理論」とは，異なった考え方や発想を一つにまとめて，何か新しい概念をつくるという意味ではなく，異なった考え方や別々の発想を併存させ，それらの特性を生かしつつ機能させることを意味しています。また，同時学習の原理は，協同学習における統合の理論から生まれてきた，認知目標と態度目標は同時に達成できるものであり，それをめざすべきであるとする考え方です。

　このような授業では，教師がどのように教えていくのか，という視点から指導方法を考えるのではなく，子どもの学びを成立させるために教師はどのように支援することができるか，すなわち，子どもの学びを成立させるためのさまざまな仕掛けや仕込みを，授業の中でどのように組み立てていくか，を工夫するということになります。このように，教師の立ち位置が教え込みによる授業

展開とは逆になり，教師が指導に活躍するのではなく，子どもが学びの場で活躍し，教師は見守る立場，脇役となるということです。そのために，この授業理論では，これまで培ってきた指導のあり方とまったく反対の発想となり，教師にとっては指導方法を180度転換するということが求められます。こうなると，単なる教授理論の紹介や，講師による説明，また，校長の話では通じないということになり，事実，当初は，そんな実践はできないという教師の声があちこちからわき起こってきました。

(2) 研修の進め方

　さて，これまで続けてきた授業方法を転換してもらうには，犬山市のような，教育行政の責任者がトップダウンで，教育改革の旗印のもとに改善を進めていくという手法がもっとも有効なのかも知れません。しかしながら，個別の学校では，そうしたトップダウンでの改革は通用しません。私の場合は，一校長がその学校の実践をより良いものにしていくために，どんな方法で，何から手を付ければ良いのか，を考えつつ試行錯誤する中での出発でした。すなわち，それまでに培ってきた教師としての教育観，価値観，世界観，人間観に基づくトータルな観点から，まかされた学校の経営を自分なりの判断で進めていかざるを得ないということでした。同時に校長としては，現状を何とか打破し，自身が描く学校像に一歩でも近づきたいという強い願いをもっていました。

　そうした前提からのスタートでしたので，「授業改善」の説明や方法を具体的に提示すること，「やってみよう」という内発する意欲と，それによって子どもが変化したという「手ごたえ」を感じさせること，そして，手ごたえを実感させるためには理論に基づいて実際にやってみること，を心がけました。実際には，担任教師と一緒になって授業展開プランを考え，校長がその指導案によってまず授業を行って見せました（モデル授業として数回実施）。さらに，校内研修では研究者を招聘して背景にある理論の説明を受け，その方法で実際の授業を実施し，校内研修会ではその授業を振り返りながらお互いに評価するという一連の活動を続けることによって，今までの授業方法を見直していきました。

　言い換えるならば，教師の授業に対する考え方を"ゆさぶる"ための仕掛けとして，校長の「モデリング」によって「内圧」を起こさせ，そして，研究者

を招聘することによる「外圧」を用いたということでした。「授業改善」を進めるという旗印を校長が掲げ，教師の内発心を信じ，そのための仕掛けや仕込みとして，「内圧」「外圧」をかけるという手法は，どの学校現場でも受け入れられるとは言い難いですが，現実に生徒指導上の問題が多発し，教師が疲れ果ててどうしたらよいのか途方に暮れている場合などには，こうしたアプローチによって授業改善に着手できるのではないかと思います

　このようなことから，初期の研修の進め方としては，これまでの体験から生み出され受け継がれてきている，「教師の授業像」を根本的に転換するために，「授業改善」（指導方法の質的転換）を合言葉に，校長の授業の「モデリング」と「内圧」，外部講師による「外圧」という手法を使い，授業で起こっている具体的な「事実」を，校長と教師が言葉と文章で発信していく，という方法を取ったのでした。そして，一方では，指導方法を変えることで，子どもたちにどのような変化が生まれているのかということを，校長自らが丹念に教職員に伝えることで，かれらが実感として改善の意味を理解してくれるようになっていったのでした。この「事実」の発信は，教職員の指導方法に対するリフレクションとなり，これまでの自分たちの授業を見直すきっかけとなったのでした。

(3) 指導法転換のための仕掛け

　教師が自らの気づきとして指導方法を転換していこうと意識するのは，どのような状況でしょうか。自身の現状に困難をきたし，実際に立ち往生を体験することからスタートするのではないかと考えます。

　校長として授業改善からの学校づくりという大きな方向性を教職員にはまだ明示的に示していなかった，着任当初に直面したあるベテラン教師の事例に触れておきましょう。そこでは「授業の中で子どもをつなごう」というテーマを掲げ，教職員がこれまで出会うことの少なかった，子どもが自ら動く場面に直面するように仕向けました。指導方法を模索する中で，自分の中にはなかった発想を取り入れると，子どもの学習活動について，それまで体験してこなかった事実に遭遇するはずだ，それがエネルギーとなって改善に大きく踏みだすはずだという考えで，教職員に働きかけを始めた時期のことです。

　やがて50歳になろうかとする男性教師でしたが，彼の日々の授業の展開は，

その時間中ずっとしゃべり続けて説明に終始するという形でした。私は，まず，その教師を研修の委員長に据え，授業の中で子ども同士をつなぐ方法の開発研究を学校ぐるみで行うよう指示しました。そして，当該教師の授業展開を参考にしながら，現在の方法と子どもをつなぐ方法の違いを指導案と実際の授業で比較対照し，本人および仲間の教員全員が理論と実践の両面から理解できるよう始めたのでした。そして，実際に学校ぐるみでそうした取り組みを行っている学校に出かけ，授業参観をしながら自身の指導方法との違いを意識化させていきました。このことは，自分自身のこれまでの授業を「リフレクト」させるという場面設定に当たります。

　この振り返りという行為は，本来，それぞれの長い教師生活の中で，研修という形によって行われてきたはずですが，新旧の指導方法を具体的に比較する形では行われてこなかったため，真の意味でのリフレクションは起きなかったと考えます。また，教える人＝教師，学ぶ人＝児童生徒という枠組みの中で繰り返される授業研究は，自身の思考枠を転換させるリフレクションとはなり得ないのではないでしょうか。そういう意味で，あの時の教師を犬山市の学校に参観に行かせ，授業展開方法を中心にリフレクトさせたことは，彼の授業観を転換させるに十分なインパクトがあったと思います。そして，そういう下準備をしたうえで，当該教師が新しい考え方を受け入れる準備ができてきたのを見計らい，授業に注文をつけ，その授業を始めとして，普段の毎日の授業を校長が参観する，というプレッシャーを与えたのでした。

　本人の「授業の中で子どもと子どもをつなぐ」という授業展開の全体枠は，それまでの理論的な説明，授業方法の比較，他の学校での授業参観と自身の授業の比較等で土台ができあがり，課題の明確さ，グループでの学習の手順とそのための仕掛け，一斉学習，個人学習で子どもをかかわらせる方法は幾分か分かってきていたはずです。しかし，実際に自分の授業を転換させていくとなると，ことはそれほど簡単ではありません。自己流の授業展開からの脱出は，第三者から指摘を受けない限り，自身での気づきを得ることは至難の業になります。

　校長によるベテラン教師の授業への介入は，3ヶ月間で5回のセッションを組み，セッションごとに振り返り・気づきを文章化し，そのポイントを次回のセッションに組み入れるという方法で行いました。その間には，他の授業者の

参観も行い，かれら自身の目指してきた授業展開との違いを文書化してもらうことで明確化させていきました。

　一例として挙げれば，第1回目の注文は，①授業の進め方が，教師から子どもへの一方通行型になっている，子ども同士の話し合いを含めた展開がないので，子ども同士が話し合って活動する場面を多く作る工夫をする，②そのためには，課題を明確にする（たとえば，「割り算と分数」としただけでは課題と言えない，もっと何ができたらいいかを具体的に子どもに提示する，など），③グループでの活動の前に個人思考の場面を設ける，④ずっとしゃべっている癖を治す，板書しながらしゃべる必要はない，の4点でした。

　こう要請した後，授業を参観したところ，黒板に書きながらしゃべる「ながら授業」が消えていました。また，一方的な講義調がなくなり，子どもへの問いかけを意識し，子どもに答えさせていました。そして，子どもの発言に素直に驚いて，担任が聴くという姿勢が見られるようになり，子どもの側もかなり発言をするようになっていました。その結果，楽しい雰囲気で学習に参加している子どもたちの様子が感じ取れました。この授業での新たな課題は，子どもの発言を担任がいちいち繰り返さないということでした。

　第1回のセッション後の授業では，注文④の「ずっとしゃべっている癖を治す，板書しながらしゃべる必要はない」という，これまでの悪弊を改善する努力が進められたようで，教師の問いかけと子どもの発言にメリハリが生まれ，教師が子どもの発言に聞き入る姿勢が明確になりました。そのために，自然と子どもが意見を言うようになったのでした。

　このように書くと，簡単なことのように見えますが，そこでは，指導についての重要な意識転換がなされており，しかも，その転換を教師が意識的，客観的にとらえているということが大きなポイントとなります。教師にとって授業中ずっとしゃべり続けるという指導のあり方は，潜在的に，教師は子どもに知識を教え込む役割をもっているという，教師主導の指導法の表れです。また，そうすることが当たり前であると思い込んでしまっており，疑う術すらないということの証でもあります。ところが，この教師は自分自身でそうした指導法を意識的に取り除いて，新しい方法を試みてみたら，子どもたちが実際に意見を言うようになったではないかと，驚いてしまったのです。

教師主導の授業展開の中では，子どもたちにどのようにして多く発言をさせるか，また，その発言をかれらの間でリレーさせていくかなどと，いくら多くの工夫を重ねたとしても，教師が前面に出ている限り，子どもたちの活躍も少なくならざるを得ません。教師が主導する発問にしたがって，ただ発言させられているという意識や，先生が注文するからその注文に応えれば成績もいいし，良い子だと認めてもらえるから，というけなげな子どもたちの姿しか現れはしません。しかしながら，そのことに教師自身も気づくことはなかったのです。
　自分自身の癖に自分ではなかなか気づくことがないように，教師が自らの指導法の抱える問題を意識的に再検討することもきわめて困難です。そうした点を校長がいくら理論的に説明してみても，指導技術の転換は簡単には図れなかったのです。そこで，子どもの発言が多くなったという事実を教師に突きつけ，手応えを感じさせるとともに喜びを実感させることで，指導技術の転換を図っていったのでした。そして，その方法として取ったのが，校長からの授業改善に向けての「感動した事実を発信する」という方法でした。

(4) 授業改善に向けての事実の発信

　教師が学校課題を共有し，一人ひとりが個性に応じて主体的，自律的，協同的に教育改善に取り組むための継続的な協力体制を作るにはどのような仕掛けや工夫がいるのか，ということが本章のテーマでした。その際のキーワードは，「授業改善に取り組むための教師相互の協力体制の構築」ということになります。そのことは，授業の中で子どもたちの良好な人間関係をつくるという授業改善の基本理念と同様に，授業改善を進めていく中で，教師相互の良好な人間関係を構築することがまず必要であり，そのための「仕込み」と「仕掛け」が必要になってきます。さらに，教師の良好な人間関係を構築していくためには，子どもの相互理解と同じように教師の相互理解を，日々の授業を通して築いていくことが不可欠になります。このことは，日々の授業のなかで展開される教師の指導技術をお互いがオープンにし，その指導技術とともに，それに伴う人間力を丸ごと互いに理解し合うことで初めて可能になります。指導技術とそれに伴う人間性の同時伝達の中で，教師相互の良好な人間関係は構築されていきます。協同学習の理念とされる，「統合の理論」と「同時学習の原理」は，子ど

もにとっても教師にとっても同じように作用していくと考えられるからです。

　以上の点を踏まえたうえで，子どもへの仕込みと仕掛けは教師が担い，教師への仕込みと仕掛けは校長が担うという観点に立ち，授業改善のための「仕掛け」と「仕込み」とともに，その授業技術を生み出す教師の「人間像」を伝えるために，校長からの事実の発信として校内の教職員へ働きかけていきました。合言葉は「人と人をつなぐ」というものです。

　　連休の後半は，楽しく過ごせましたか？　私は，田舎の出身なので，田植えの手伝いに帰りました。
　　私の父は75歳ですが，私より元気があります。ですから，作業は全部父が仕切るし自分でやります。米を作る家は年々減ってきていますが，父は毎年工夫を繰り返しながら，米作りにこだわっています。
　　私の父は無口な方で，とやかく言われたことはありません。私の子どもの頃の記憶でも，一緒に風呂に入っていたことが一番の思い出というくらい，どこかに連れて行ってもらったこともないし，一緒に遊ぶなどは皆無でした。父は，黙々と家業を継ぎ，家族を養うことだけを考えていたのでしょう。
　　私は結婚して自分の家族をもち，半世紀も生きてきて，振り返ると，父の苦しさが自分の事のように分かります。決して平たんでなかっただろうということを。「家族を養うだけ」などと書きましたが，一粒の米を作るのにどれだけの苦労があったことか。一粒だけ作るわけでもないし，一度だけ作るわけでもない。父の過ごしてきた時間と仕事量に思いをはせる時，自然と頭が下がります。
　　私はあまり父に似ていると思ったことがありません。体型も顔の作りも母親似です。最近，夕方，学校の印刷室でコピーをしている時，「部屋の電気もつけずに，暗くないんですか？」と，同僚の先生に言われました。父は風呂に入る時，明かりをつけません。暗い風呂場でジャブジャブと音をさせています。「そこまで節約しなくても」と思っていた自分でしたが，同じようなことをしていると思ったら，嬉しくなりました。同僚に指摘されて苦笑したのではなく，こみあげるうれしさでにんまりしてしまいました。

田植えの間は晴天で，空は，父の作業着と同じ色でした。

　この文章は，当時，学級担任をしながら，研究のリーダーとして授業改善の推進役を担ってくれていた教師が，連休明けに学級の子どもたちに出した学級通信の中に載せていたものです。子どもたちの活動の様子を書いたものでもなく，自分の連休中の田植えの手伝いのことをつづった文章です。しかし，田植えの手伝いを通して，この教師自身の心の中に住んでいる父の姿を想い出し，これまで当たり前と思っていた父の行為が，実は，家族を思う深い愛の中から生まれ出たものであり，当たり前などではないと気づかされたのでした。そして，田植えをする父の姿から，自分たち家族をどれほど大切に思ってきてくれたかを感じ取り，父を誇りに思い，また，感謝していることが伝わってくる，この教師の温かい気持ちの詰まった文章でした。

　この文章を読んで心をゆさぶられた私は，校長通信にこの文章とともに，次のような内容の文章を添えて，教職員に発信したのです。

　　私はこの文章を読み，1年3か月前に亡くなった母のことを思い出していました。苦しい生活の中で我が子におやつも十分与えられない母は，庭先に「富有柿」の苗木を植え，おやつ代わりに食べさそうとしたこと。そして，その柿が大きくなり，毎年沢山の実をつけ息子は美味しそうに食べていたこと。その後，大人になった息子はその思いを知り胸を詰まらせたこと。ところが，何年かの後，出勤する息子を見送りに出た母は，その柿の木の下にある2段の階段を踏み越せず後ろに倒れ寝たきりになり，息子は6年間介護をつづけたこと。

　書き手の文章に溢れる事実を通しての思いに，読み手の心がゆさぶられたとき，書き手の心に読み手の心が重なります。その時，「つながった」という実感が生まれ，つなごうと意図せずとも，つづられた文章に教師の人間としての生き様が顔を出し，子どもたちもまた心をゆさぶられます。そして，双方の思いが重なる中で，文章を介して，教師と子ども，子どもと子どもが人間的なつながりを深めていくのだと思うのです。そういう意味から，人間の喜怒哀楽を始

め，苦悩や生きる喜びを，そして，支えてくれる多くの人々への感謝の気持ちを，素直に，具体的に，とつとつとつづっていくことが，結果的として人と人とをつないでいくのだといえます。

　一方，毎時間の授業の中で子どもたちが学びの振り返りを行いますが，授業を参観した後は，私もその振り返りを担任から見せてもらってきました。学級担任が子ども同士の交流を推進するために書きつづる学級通信と同じように，私が参観した授業の授業展開と，授業の中での子どもたちの活動および授業の振り返りを含めた事実を，「校長室通信」として発信していきました。

　たとえば，2年生の図工の授業で，作品をつくりあげていく過程を通しての振り返りでは，次のような文章がつづられていました。

　　　どうぶつ園の時のどうぶつを作る時に，○○ちゃんが「これをここにつけたら」と言って，どうぶつができた時に，すごくじょうずにできあがったから，○○ちゃんにも教えました。それで教え合って○○ちゃんもじょうずにできあがりました。かざりをつける時も，○○ちゃんに教えてもらったからまた教えました。二人ができあがった時に，二人で見せあいをして，じょうずだねと言ってくれたのがうれしかったです。

　7歳の子どもが，学び合いながら作品をつくりあげていく過程で，作品ができあがる喜びと同時に，制作の過程で良好な人間関係が育まれ，そのことを感じて満足している様子を，校長の心のフィルターを通して客観的事実として外に伝えることは，教師でなくとも喜びや感動を覚えるものです。しかし，単にこの事実を伝えるのではなく，その事実が生み出される授業プロセスにおける授業者の仕掛けや仕込み，また，そのもとになっている発想を重ねて伝えることで，多くの教師たちの授業展開方法の転換が可能になるのだと思います。

　教師であれば誰もが理想とする授業観をもっているはずですし，理想に近づく良い授業をしたいという願いをどこかに必ず抱いているはずです。その内発心に具体的に切り込んでいく仕掛けと仕込みの真髄は，授業者である人間の魂をゆさぶることにあります。そうしたことを可能にしてくれる事実を，校長がメッセンジャーとして発信するためにつづるのです。

校長の発信する授業改善のための事実とは，授業展開の中で織りなす，教材を媒介にした，教師と子ども，子どもと子どもの限りない成長の営みをつづった人間的成長の記録であると考えます。そして，その記録は客観的事実として，読み手である自分の立ち位置を確認し，仲間と共に歩むことの豊かさを明確に意識することを可能にします。

　教師の協同をつくる校長の働きかけの核の一つとして，私は，授業をつづり，子どもをつづり，教師をつづるということを挙げたいと思っています。

3　授業改善の進展

(1) 子どもの変化と教師・教師集団の変化

　着任当時のT小学校は前述したような実態と課題を抱えていたのですが，それを根本的に解決するための具体策は校内研修の内容には挙がってこず，研究のための人的支援，予算，校内の研究推進組織等，長年続いてきた慣例に基づく体制のもと，児童の実態や課題を置き去りにした形式的な研修が進められていました。その結果，折々の現象面の対応に追われるのみで，現状に陥った原因は何だったのか，課題は何か，どういう方法を用いた時にその課題が解決されるのかということに対して，歴代の校長は手を打ってこなかったのでした。また，市教育委員会も本気になって研究推進を進めるという意思はなく，例年通りの形で進めていくこと以外の着想がなかったようです。

　そうした中で，本校の授業改善を進展させていったポイントは，校長として学校経営の中枢に「授業」を置き，これまでの授業方法を改善することによって課題を解決し，実態を変えていくことができるとの確信があったことです。この中心軸を据え，ブレることなく学校経営を進めようとしたことで，さまざまな方略と構想を描くことができ，教師本来の力が発揮できる学校組織を創りあげていけたと思っています。

　大きくは，「経営方針の軸として授業展開方法の転換を掲げる」「校内の研究推進の中心人物への授業技法の伝授」「子どもの学びを創りあげていく人間力と技術の発信」の3点を軸としながら，学校経営のすべての中心に「授業」を置いて，授業改善を中核とした校内研究体制を徐々に構築し，教職員の意識改

革を進めていきました。赴任2年目の終わり頃からは，校内の子どもたちのざわついた声が聞こえなくなり，教室を飛び出す子どもの姿も見られなくなりました。こうした現象面での変化とともに，実際の授業でも，指導に名を借りた，子どもにとって不必要な説明や長々とした解説は影を潜め，一時間ごとの授業における子どもたちの活動量が多くなっている様子が見て取れました。

　理論的には，「統合の理論」「同時学習の原理」をもつ，協同学習の理念を基盤として，教科の目標とその授業に参加している子どもたちの態度形成，いわゆる良好な人間関係の涵養を同時に達成することを意図して，授業を展開していくということでした。そして，それを指導案に結実させるために，その授業の「ねらい」とともに「課題」と「ゴール」を明確にして，文章化するという方法を取りました。

　これは，教師主導の教える授業から学び合う授業への改善に挑戦する突破口とするためです。その切り口として，「課題とゴール」，とくに，「ゴール」を明確に設定する授業を立案し，実践に取り組んだのでした。そうすることで授業展開を子どもに委ねられ，子どものペースで授業が進められるようになり，子どもたちがつながりはじめ，子どもたちの学習意欲が増してきたのでした。それは，学び合うという姿がつくられてきたということを示すとともに，良好な人間関係によって，子どもたちが落ち着きを取りもどし始めたということです。

(2) 研究的実践の具体例

　前述した「課題」「ゴール設定」を含む指導案作成の指針として，図2-1のような「学びの授業設計の骨子」を示し，さらに，それに基づく「本時の指導案の骨子」のフォーマット（図2-2）を用意して，実践を通して日常的にその改善を図るという研究的実践を進めました。

　実践事例の概要を1つ紹介しましょう。

　次に，この学びの授業設計に基づく5年生の算数科の授業例を示しました。これは教師側が考えた指導案になりますが，同じ内容を学習者も知るということで，同じ内容の，問題，課題，ゴール等については別紙1・2の用紙に書き，掲示をし，子どもたちにも説明するとともに，学習活動を子どもたちに委ね，別紙3で子ども自身の振り返りを行います。

■3 授業改善の進展　41

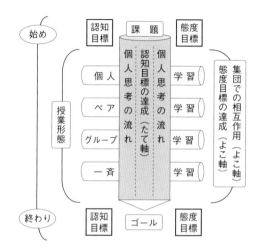

図2-1　学びの授業設計の骨子

○ 目標
1 認知目標……………………
2 態度目標……………………

本時の展開		課　題		
形態	時間	学習活動	指導上の留意点	評価の観点
個人	5分	1…………	…………………	…………………
ペア	10分	2…………	…………………	…………………
グループ		ゴール		
一斉	15分	4…………	…………………	…………………

図2-2　本時の指導案骨子

1. 教材 「数の倍」東京書籍「新しい算数（上）」
2. 本時の目標　（認知目標）比べる量をもとにする量で割ると，小数倍になることを理解する。
　　　　　　　（態度目標）友だちと協力して，解決方法を考える。
3. 本時の問題　四つの建物の図とそれぞれの建物の高さを表す表を見て，「学校の高さをもとにすると，ほかの建物の高さは何倍ですか。」
　　本時の課題　①個人で２つ以上の方法で答えを出しましょう（個人学習）
　　　　　　　　②グループで個人の考えを出し合い，３つ以上の方法で答えを出しましょう（グループ学習）
　　　　　　　　③グループで出し合った３つ以上の答えを，グループの全員が誰にでも説明できるようにしましょう（グループ学習）
　　本時のゴール　グループで出し合った３つ以上の答えを説明できるようになる。
4. 学習の手順　①学習の手順の確認（一斉学習）…５分間
　　　　　　　②個人で考えを出す（２つ以上）（個人学習）…５分間
　　　　　　　③グループで個人の考えをつなぎ合わせて答えを出し，説明できるようにまとめる（３つ以上）（グループ学習）…15分間
　　　　　　　④グループの考えを発表し合う（だれもが発表できる）（一斉学習）…５分間
　　　　　　　⑤カードを使って振り返りをする（個人）…５分間

子どもへの説明用紙・別紙１

◎問題
　「この表は，図の４つの建物の高さを表しています。学校の高さをもとにすると，ほかの建物の高さは何倍ですか。」
◎課題
　①個人で２つ以上の方法で答えを出します。
　②グループで個人の考えを出し合い，３つ以上の方法で答えを出します。
　③グループで出し合った３つ以上の答えを，グループの全員が，だれにでも説明できるようにします。
◎ゴール
　「グループで出し合った３つ以上の答えを，説明できるようになる。」

子どもへの説明用紙・別紙2

◎学習の手順
　①学習の手順を先生と確認する。5分間
　②個人で考え答えを出す（2つ以上）。5分間
　③グループで個人の考えた答えをつなぎあわせて答えを出し，説明できるようにまとめる（3つ以上）。15分間
　④グループの考えを発表し合う（だれもが発表できる）。15分間
　⑤個人でふり返りをする。5分間

授業後の子ども自身の振り返り用紙・別紙3

ふり返りカード
　　　　　　　　　　　　　　　　　　　＿＿年＿＿組　　名前＿＿＿＿＿＿＿＿

①問題の解き方について。（当てはまるところに○をつける）
　・よく分かった
　　なぜですか
　（　　　　　　　　　　　　　　　　　　　　　　　　　　　　　　　）
　・まあまあ分かった
　　なぜですか
　（　　　　　　　　　　　　　　　　　　　　　　　　　　　　　　　）
　・少し分からなかった
　　分からなかったところはどこですか
　（　　　　　　　　　　　　　　　　　　　　　　　　　　　　　　　）
　・分からなかった
　　分からなかったところはどこですか
　（　　　　　　　　　　　　　　　　　　　　　　　　　　　　　　　）
②授業の進め方について。（当てはまるところに○をつける）
　・楽しかった
　　なぜですか
　（　　　　　　　　　　　　　　　　　　　　　　　　　　　　　　　）
　・ふつう
　　なぜですか
　（　　　　　　　　　　　　　　　　　　　　　　　　　　　　　　　）
　・楽しくなかった
　　なぜですか
　（　　　　　　　　　　　　　　　　　　　　　　　　　　　　　　　）
　・これからもこんな授業を進めますか
　　はい　　　いいえ

■ 4　校長の仕事

(1) 自己変革への過程と同僚性の支援

　次の文章は，研究が進んできていた4年目の3学期に行われた公開研究会を終え，ベテラン教師（教師歴37年目）が，その日の自分の授業を振り返ってつづった文章です。

　　最初の5分間で課題と手順・ゴールを説明してしまうとグループごとの話し合いに入り，私はストップウオッチを手に個人思考の時間の2分を伝えていた。ストップウオッチを観ながら各班を見て歩くだけの自分に，「いったい私は何をしているのだろう。これでいいのだろうか」と自問していた。子どもたちがクイズを作り始めた時も，「せっかく選んだ，すてきな，なるほどと思える言葉だから，きちんとみんなに知らせるようにクイズを作ろうね」と，途中に言葉をはさんだくらいで，画用紙に書いているか見て回るのみの自分に，「これが公開研究会の授業なのか」と問い続けていた。
　　これは，今まで経験してきた研究発表会のスタイルと大きく変わってきたことに，自分の意識が追いついていかなかったからであろう。次々とゴールへ向かって進めていく子どもたちの姿を見て歩くだけの自分の姿なんて，私には今までのスタイルになかったように思われる。何か変と私が何度も言うので，相方の担任から，この授業でいいのですよと言ってもらう有様であった。
　　授業が終わった時，○○先生が「時間通りピッタリ」と声をかけて下さった。「何か変な授業やったな」と□□先生に言うと，「○○小の先生が『全員が話し合いに参加していて，えらいなあ』と言っておられました」と伝えて下さった。子どもたちは5つの言葉から2つを選べたのだと思った。子どもたちが帰ってから，全員の分のクイズを黒板から外すと，板書とは程遠いメモのような私の字が現れた。こんなのを見て，子どもたちはよく45分間頑張っていたなあと思えた。分科会が終わって△△先生から，「きらきらは，いつ，どんなところで出てくるのでしょうね。こんな素敵なク

イズが作れるのですね。○○さん大好きと振り返りに一生懸命書いていましたよ。力こぶも書いていました。みんな集中していましたね」と言っていただき，子どもたちはゴールをめざして進んでいたことが確認できたのでした。

　この日の授業は，子どもたちの学習意欲や参加度，達成感・満足感を得られた授業展開であり，子ども（学習者）が主体となった授業で，教師は脇役として子どもたちの学習活動を支援し，見守る活動であったことがよく表れた授業者の振り返り文となっています。しかし，「『いったい私は何をしているのだろう。これでいいのだろうか』と自問していた」「『これが公開研究会の授業なのか』と問い続けていた」「何か変と私が何度も言うので」「何か変な授業やったな」といった言葉を拾ってみると，「教える授業」から「学びの援助」へという授業図式の転換にとまどっていることがうかがえますし，また，この苦悩する姿から自己変革の過程とはこういうものなのかということを教えられます。さらに，同僚の教師の支援が，この教師の意識転換の促進に大きな役割を果たしていることも推察できます。
　「教える授業」から「学びの支援」へという授業図式の転換は，これまで述べてきた校長の理念と実践力，すなわち，「学びの学校文化を育む」というゴール設定のもと，仕込みや仕掛けづくりに専心するとともに，その過程で育まれてくる教師集団の良好な人間関係とその集団のもつ向上心が，集団力学としての相乗効果を醸し出し，一人ひとりの教師の自己変革を促進していくことを知ることができます。

(2) 気づきを喚起する

　冒頭，教師が学校の課題を共有し，一人ひとりが個性に応じて主体的，自律的，協同的に教育改善に取り組むための継続的な協力体制をつくりあげるにはどのような仕掛けや工夫があるのか，ということを学校教育改善の課題として挙げました。その課題を解決していく場は，それぞれの学校現場だとすると，その仕掛けや工夫をするリーダーは当該校の校長です。教師一人ひとり，また，教師が互いに全力を傾けて授業づくりに打ち込む中で，子どもの個性に応じて，

子どもたちが主体的，自律的，協同的に人生を生き抜いていける力を育んでいく教師たちの活動を見守り，陰になり日なたになりながらかれらがそれをなし遂げられるよう，学校経営の中で仕掛けや工夫を駆使して支援する立場の人間，それが校長です。そして，そんな支援の核になっているのは，次のような構えです。

> レヴェンソン，E. A. は，「水の存在に最後まで気づかないのは魚」だという名句を使って，臨床でしなければならない仕事の一つについて次のように説明している。それは，患者の中に深く浸透し，患者自身のものの見方の一部となっているために，自分では気づくことのない考え方を発見していくことである。これは慣れ親しんだものを未知のものとしてみるようにすることだと私は思う。（ビューチュラー，2009）

　患者という言葉を，人間に置き換え，また，校長，教師に置き換えた時，「自分では気づくことのない考え方を発見していくことである」という言葉と，「慣れ親しんだものを未知のものとしてみるようにすることだ」という言葉は，「気づき」ということの重要性を指摘しているといえます。「気づき」を起こすことによって，新たな視点で物事を見つめ直すことができ，新しいアプローチが見えてくるからです。

　本章で幾度となく述べてきた，授業展開における指導法の転換は，これまで慣れ親しみ，当たり前と思ってきた指導法について，その思考枠にゆさぶりをかけ，気づくことのなかった指導法を技術として身に付けていくというものでした。指導法を 180 度変えてしまうという思考枠の転換でした。

　幼児期から成人期になるまで経験してきた学習方法は，黒板を背にして，先生といわれる人から知識を授けてもらうものであり，教える側の先生といわれる人間も，知識を授けることが教育であるとする信念が，深くしみついてしまっていたのだと思います。そういった，教える側と教えられる側の深層に根づいた学習観，指導観を転換するために，「ゆさぶり」をかける方法が「気づき」であり，その具体的な方法として用いたのが，ゴールを設定し，「ヒトという動物は非常に大きな力量をもっていて，適当な機会さえ得られれば間違いなく当

LTD話し合い学習法
安永悟・須藤文著　2800円

主体的な学習者を育成する学習法，LTD（Learning Through Discussion）。その理論と実践と授業づくりをスライドを用いて具体的に詳説。

見ることを楽しみ書くことを喜ぶ協同学習の新しいかたち　看図作文レパートリー
鹿内信善編著　1400円

「どう書いていいかわからない」と作文に苦手意識のある人も楽しく取り組める看図作文を協同学習ツールとして活用する方法を解説。

大学生のリスク・マネジメント
吉川肇子・杉浦淳吉・西田公昭著　1700円

大学は楽しいところだが危ういところもある。ネットやカルト，健康，お金——リスクについての知識を得て対策をして，存分に学ぼう！

ボイドン校長物語
アメリカン・プレップスクールの名物校長伝
マクフィー, J.著／藤倉皓一郎訳　1800円

ディアフィールド・アカデミーを廃校寸前から名門大学に卒業生を送る全米屈指の進学校へと育て上げた名物校長の一代記。

変容するイスラームの学びの文化
マレーシア・ムスリム社会と近代学校教育
久志本裕子著　8000円

イスラームの学びの文化は，ムスリム社会の近代化と近代的学校制度の拡大にともない，どのように変化してきたのか。

対人援助職のためのリスニング
カウンセリングの基本となる聞き方
中島暢美著　2200円

人の話をきちんと「聞く」ために——保育士や看護師等対人援助職の方に向け「リスニング」の技術を事例を取り入れながら平易に解説。

「今ここ」を生きる人間関係
杉山郁子編　2200円

人間関係を体験し学び，編集しなおし，新たな対人関係，新たな組織，新たなコミュニティをつくりだす方途を女性の視点から示す。

ファシリテーター行動指南書
意味ある場づくりのために
中野民夫監修・三田地真実著　2000円

ファシリテーターとして成果をあげる5つの心得と15のステップを解説。何度決意を新たにしても変化を生みだすのは難しい。行動から変えてみよう！

キャリアデザイン支援と職業学習
生駒俊樹・梅澤正著　2500円

進路選択のミスマッチはなぜ起こるのか？　自己理解に偏りがちなキャリア教育の歴史的経緯を分析し，「職業学習」「社会理解」の重要性と内容を解説。

学生と考える生命倫理
金子章道・金内雅夫・河野由美編　2000円

生殖医療，遺伝子操作，児童虐待など，社会のさまざまな課題の中で遭遇する生命倫理の問題を取り上げ，いのちの尊さを考える。

中学生の学校適応
適応の支えの理解
岡田有司著　3800円

「学校適応」の全体的なプロセスを「適応の支え」を鍵として解明・モデル化し，適応に困難を抱える生徒への適切な支援をめざす。

中学生における無気力感のメカニズムと対応
牧郁子著　5900円

「できた」という経験・自信を育むこと。子どものSOSを「周囲との相互作用」から捉え，向き合うかたを実証研究から提言する。

いじめ加害者の心理学
学級でいじめが起こるメカニズムの研究
大西彩子著　3000円

「いじめに否定的な学級風土」に注目した，学級・仲間・個人における集団規範といじめ加害傾向の検証による具体的ないじめ防止対策。

人間関係を育てる5つの心
坂口哲司著　700円

幼稚園教育要領，保育所保育指針が示す「人間関係」の骨格。どのような遊びや学びにより育てるのか。保育者自身の成長も含めて解説。

企業のコミュニケーション能力
仕事は単語，キャリアは言語，CSRとCSVは文法
近藤久美子著　2200円

企業が地域社会から求められること，企業が求めている人材とは——CSR/CSVを学び，「自分はコミュニケーション力不足」という思い込みから脱しよう。

就活女子
ツカダマモル編著　1500円

就職どうしよう！　すべてはそこから始まった。タイプの異なる9名の女子大学生のそれぞれの就活。内定を勝ち取った彼女たちのリアルな裏側を公開！

高校生から見た大学の「価値」と大学選びのメカニズム
「第1回テレメール全国一斉進学調査」報告書
株式会社応用社会心理学研究所編　7200円

偏差値に代わる指標が見いだせない大学全入時代。大規模な進学調査に基づき，社会心理学の見地から新しい大学選びのあり方を提唱。

高校・大学から仕事へのトランジション
変容する能力・アイデンティティと教育
溝上慎一編・松下佳代編　2800円

若者はどんな移行の困難の中にいるのか——教育学・社会学・心理学を越境しながら，気鋭の論者たちが議論を巻き起こす！

高校生の進路選択と時間的展望
縦断的調査にもとづく検討
都筑学著　6100円

高校卒業による環境の変化は青年にどんな影響を与えるのか。進路選択プロセスを明らかにし，この時期の発達的変化や個人差にも迫る。

キャリアデザイン支援ハンドブック
キャリアデザイン学会監修　3000円

人の生涯＝キャリア形成に教育機関も企業組織も行政も本格参画支援する緒につく。そのための現状分析と方途の理論と実践を示す。

キャリアデザイン学への招待
研究と教育実践
金山嘉昭・児美川孝一郎・武石恵美子編　2200円

自分の人生を主体的に選択するための学びとは。キャリアデザイン学におけるこれまでの研究を，多彩な教育実践とともに紹介。

オフィスコミュニケーショントレーニング
みる・きく・問う・伝えるために
平澤知穂著　2500円

チームづくりの専門家が自らの体験を豊富に交えながらやさしく説明する。キャリアに活き，仕事に役立つコミュニケーション入門。

ゆとり京大生の大学論
教員のホンネ，学生のギモン
安達千李他編　1500円

学生たちが大学教育を問う！　京都大学の教養教育改革を受け教員はどのような思いを語り，学生は何を議論したのか？　学生自ら企画した白熱の大学論！

インタープリター・トレーニング
自然・文化・人をつなぐインタープリテーションへのアプローチ
津村俊充・増田直広・古瀬浩史・小林毅編　2500円

自然や文化や歴史などの対象を媒介にして，参加者の知識体系を揺さぶり理解を深めるためのトレーニング教本。

大学教育アントレプレナーシップ
新時代のリーダーシップの涵養
日向野幹也著　1200円

「権限・役職・カリスマと関係のないリーダーシップ」を教育目標に日本初の大学必修リーダーシッププログラムを立ちあげ拡大してきた著者の奮闘記。

教師を支える研修読本
就学前教育から教員養成まで
山本睦・前田晶子・古屋恵太編　2700円

根拠のある教育実践のために，最新の教育トピック・知見を網羅して解説。日々の保育・教育活動において軸となる見方，考え方を学ぶ。

ナカニシヤ出版 教育関連図書案内

〒606-8161
京都市左京区一乗寺木ノ本町15番地
tel. 075-723-0111
fax.075-723-0095
URL http://www.nakanishiya.co.jp/
＊価格は本体価格です。
＊最寄りの書店にご注文下さい。

大学1年生のための日本語技法
長尾佳代子・村上昌孝編　1700円

引用を使いこなし，論理的に書く。徹底した反復練習を通し，学生として身につけるべき日本語作文の基礎をみがく初年次科目テキスト。

大学で学ぶということ
ゼミを通した学びのリエゾン
田中俊也・山田嘉徳著　1800円

4半世紀にわたって大学でゼミ指導に関わった一人の教員とその学生たち。その記録から大学における学びの意味を問う。

私が変われば世界が変わる
学生とともに創るアクティブ・ラーニング
花園大学アクティブ・ラーニング研究会編　2400円

学生と学生，教員と学生，学生と社会，社会と大学をつなぐ。大学教育の実践現場から届いたアクティブ・ラーニング活用術。

学生のための学び入門
ヒト・テキストとの対話からはじめよう
牧恵子著　1800円

「何かな？」という好奇心からスタートしましょう。好奇心に導かれた「対話」から，訪れる気づきを「書く」力をみがきます。

日本の「学び」と大学教育
渡部信一著　1800円

目的を明確に定め，細かなプロセスなどは斟酌せずにそこに向けて大胆に突き進んでいく認知科学的な裏付けのある教育を提唱する。

教養部しのろ教授の大学入門
紀川しのろ著　2000円

〈脱力系教授〉しのろ先生が，ユーモラスに書く大学教授の一年。高校生や新大学生から卒業生まで楽しめる，新感覚の大学入門。

ピアチューター・トレーニング
学生による学生の支援へ
谷川裕稔・石毛弓編　2200円

大学で学生同士の学びが進むには？　学生の学習を支援する学生＝「ピアチューター」養成のための決定版ワークブック！

3訂 大学 学びのことはじめ
初年次セミナーワークブック
佐藤智明・矢島彰・山本明志編　1900円

高大接続の初年次教育に最適なベストセラーワークブックをリフレッシュ。全ページミシン目入りで書込み，切り取り，提出が簡単！

学生と楽しむ大学教育
大学の学びを本物にするFDを求めて
清水亮・橋本勝編　3700円

学生たちは，大学で何を学び，何ができるようになったのか。学生とともに進み，活路を切り開く実践例や理論を一挙集約！

大学教育
越境の説明をはぐくむ心理学
田島充士・富田英司編　3700円

コミュニケーション能力の育成の方法やその教育法の開発に生かせる科学的研究を集約。「越境の説明力」を磨く新しい大学教育論。

教育環境に対する大学生の満足感
私立大学のキャリア教育を考える
榊原國城・安田恭子・若杉里実著　2500円

大学が社会と個人を繋ぐ学習の基礎を築く場となるために――キャリア発達に繋がる教育のあり方を学生の満足感の調査から検討する。

家庭と教育
子育て・家庭教育の現在・過去・未来
表真美著　2300円

なぜ日本の親たちは子育てを楽しめないのか。子育ての実際や小中学生の生活実態の調査から，今後の子育て，家庭教育の在り方を探る。

教師の職業ストレス
高木亮著　5200円

「やりがいのない多忙化」など教師のストレスが増大し休職者が増えるなか，教師への量的調査から，予防と改善の可能性を提案する。

教育学の基礎と展開［第3版］
相澤伸幸著　2000円

教育学の基礎を学ぶ，初学者のための好評入門テキスト。第3版では，新しい教育的関心や制度変更に対応し，章末課題を追加。

ワークで学ぶ教育学
井藤元編　2600円

何が正しい教育なのか，良い先生とはどんな先生なのか――ワーク課題を通じて創造的思考を養っていこう。

改訂版 学生のための教育学
西川信廣・長瀬美子編　2000円

基礎的力量の形成を目指す好評テキスト。教育政策が急速な勢いで展開するなか，情報モラル教育の内容の追加を始め最新の内容に更新。

学級の社会学
これからの組織経営のために
蓮尾直美・安藤知子編　2200円

より良質の教育的鋭意を果たすにはどうすればよいのか。教師自らが学び，考え，探究し続けるようになるための視座と枠組みを提示する。

ネットワーク論からみる新しい学級経営
蘭千壽・越良子編　2600円

子どもの自律性と創造性を発揮させるネットワークに基づいた学級経営。その環境の整え方や子どもの成長を豊富な実践事例から紹介。

一斉授業の特徴を探る
授業を観る，測る，考える
岸俊行著　5700円

変革の只中にある義務教育の中で，そもそも，教育とは何なのか，教室では何が起こっているのか。教育心理学，教育工学から検証する。

事例から学ぶ児童・生徒への指導と援助［第2版］
庄司一子監修／杉本希映・五十嵐哲也編著　2200円

教職必携！　指導援助の基礎理論とそれを使う支援の実際を事例から学ぶ好評テキスト。統計資料や法改正，障害名の変更などを一新。

を得たことをする」(サリヴァン, 1990)という内発心を信じ,実践者がそれぞれ文章をつづるというリフレクションで,気づきを起こさせていくという連鎖であったと思います。その気づきを喚起するのが,校長の仕事であり,学校課題を解決する1つの方法でもあると考えています。

参考文献
ビューチュラー, S. 2009 川端直人・鈴木健一(監訳)精神分析臨床を生きる 創元社
サリヴァン, H. S. 1990 中井久夫他訳 精神医学は対人関係論である みすず書房

研修を核とした「自主協同」の学校づくり

関根廣志

■ はじめに

　私が校長として着任した学校は，新潟市の中心街にある中規模校のS中学校でした。この学校には，学力の高い生徒たちと力量の高い教師が多くいて，一見，校長は何もしなくても学校が動いていくような印象がありました。

　しかしよく見ると，生徒たちには人間関係に起因するトラブルが絶えず，職員はそのためにけっこうなエネルギーを使っていることが分かりました。

　さらに目を凝らすと，授業は旧態依然の一斉指導であり，お世辞にも生徒が生き生きしているとはいえない授業が行われていました。

　私の努めは，もともともっている生徒と職員の優れた力を最大限引き出し生き生きとした学校にすることであると自覚しました。

　そしてその実践の核はこれまでの私の経験から「研修」に置くことに決めました。研修によって成長した力量の高い教師のもとでこそ，子どもは確実に伸び，学校が活性化していくからです。

　さらに，教師が力量をつけようとする研修のプロセスは，同時に子どもが伸びるプロセスと重なってきます。研究授業がそのことを証明しています。しかしながらそれを実現するには，実践の指針となる明確な理念と具体的な方法論が必要です。私はそれを「協同学習（自主協同学習）」に求めました。（以下では，「協同学習」という用語に「自主協同学習」を含めて用います）。

　本論では，それをどのように実践してきたかを述べてみることにします。

■ 1　なぜ「自主協同」の学校づくりなのか

(1)「協同学習」は教育理念であり教育方法でもある

　これまで教育界にはいろいろな教育論や学校経営論，○○方式などと呼ばれ

る教育方法が数多く提案されてきました。

　しかし，それらは往々にして，教育はこうあるべきだという「理念」だけで方法が伴わなかったり，こうすればいいという「方法」が特定の分野に限定的にしか通用しないものであったりして，私の認識では「学校経営全般」や「教育活動全体」のバックボーンになり得ないものがほとんどでした。

　そこで私は私自身がこれまで授業や学級づくりの実践に生かし，学んできた「個を生かし集団を育てる」ための教育理念であり教育方法でもある「協同学習」を学校経営でもその基軸にし，実践化を図ろうと考えました。

　その理由として，「協同学習」は学校教育にとっての必要性がきわめて高いことはもちろんですが，全職員が教科横断的に一致して取り組め，しかも努力の成果が早く子どもの姿となって現れる優れた教育理論であることが証明されているからです。

　「協同学習」では，子どもに「何を教えたか，何が身に付いたか」という教育の成果と同じくらい，「どのようにしてそれを学んだか，どんな活動を通して身に付けたか」という教育のプロセスが重視され，むしろそれが教育にとって価値のあることだと考えられています。

　たとえば，知識が身に付きさえすれば，その方法は詰め込みでも非民主的でも何でもよいという立場は決してとりません。人，とりわけその人間性は，プロセスによって育つことを十分に認識しているからです。

　したがってそのプロセスは，教育的に望ましく，豊かな人間性の育成にも寄与するものでなくてはならないのです。そのことこそ，「協同学習」による教育を強調する所以でもあります。

(2)「自主協同」を身に付けた子どもを育てる

　日進月歩で変化する現代社会では，今の知識が3年後には役に立たなくなるという現実があります。そんな中でとくに学校教育に要請されるのは，子どもに「自ら進んで生涯学び続ける力」いわば「自主性」を育むことです。

　そうした力をつけるためには，他からの指示ではなく，自ら問題意識をもち，主体的に活動に取り組む習慣と，そのための方法を習得させることを重視する自主協同的な学習の展開が必要になってきます。

自主協同学習では,「学習者が自分から進んで(自らの自発的な意思や考えをもって),自分自身の力を使って(自分自身のもっている学習能力をフル活動させ),自分自身の中で学習や活動を成立させていくプロセス」を実現することを大事にしていきます。そこには,自分だけの力でやるという意味ではなく,活用できる環境(物的・人的を問わず)をいかにうまく活用するかということも含まれます。

　そしてもう1つ,子どもの中に育成していきたい力は「協同性」です。人間は決して一人で生活していくことはできません。「他者と人間関係を結び,協同していく力」は,生きていくうえでは必須の資質であり,この複雑な現代社会においては,社会性の中核を担う力であり,「生きる力」の根幹をなす力であるといってもよいと思います。

　しかしこれらの力は,「あるべき姿」だけを述べた理論や建前では決して身に付きません。他者との協同体験を通して子どもがその良さを実感した時にその力がついていきます。

　「自主と協同」という2つの重要な資質を育成するには,「自主協同」の理念のもとに「協同学習」を展開することが,正に理に叶っています。

(3)「協同」の良さを最大限に引き出す

　近年の学校課題の解決には,個々の教員がいくらがんばっても,一人ひとりがいくら優秀でも,ばらばらに力を発揮しているのでは解決できないことが多くなってきています。そこには,「協同」の力を発揮することが求められているのです。

　すなわち,個々人の力量だけに頼るのではなく,同僚やチームの協同での解決,組織を活用しての解決,つまり1＋1が3にも4にもなることを目指して課題の解決を図ろうとするのが,教師が協同で取り組むことの核心です。

　また学校には,幸いいろいろな個性や能力をもった教師がいます。かれらが一つの組織をつくって協力しながら活動し,ある時にはぶつかり合う中で創造的な実践が生まれます。これも協同の大きな強みです。一人ひとりの職員が協同意識を高めていくことが,これからの学校の効果的な実践につながるのだと考えています。

さらに，子どもの学習に関しても，せっかく集団で学習している（通常の学級における授業）のですから，その良さに積極的に着目し，それを最大限に生かしていく授業の展開を工夫することが，より現実的で実態に合ったやり方であると考え，全校で力を入れてきました。そこでは，一人ひとりが尊重される風土の中で，互いに切磋琢磨しながら，他者の考えや言動から学び，認め合い，支え合いながら力を合わせることを基本としました。
　このようにして苦楽を共にしながら課題を追究し，目標を達成することで自分が高まり，集団もまとまり，相互の絆も深まっていきます。子どもは，そうした協同活動を通して，より質の高い協同性を身に付けていきます。

2　なぜ研修を核とした学校づくりなのか

　私は校長として「研修を核とした学校づくり」を標榜してきました。なぜならば，中学校の現状に鑑み，学校改善あるいは子どもの問題解決を図るには，当座の「対症療法」も必要ですが，それだけでは問題の根本的な解決にはならず，「体質そのものの改善」こそが求められていると考えたからです。そして，それをなし得るには，現場で当該の問題に直面している教師が，絶えざる研修で実力をつけることをおいて他に道はありません。
　教師は，現実問題の対応に追われて忙しいからこそ，研修に力を入れ問題解決力をつけることが必要です。その「生みの苦しみ」がなければ，いつまでも現状は変わらず「新たな生命誕生」の喜びがやってくることはありません。ここに，私が「研修を核とする学校づくり」を目指した大きな理由があります。

(1) 質の高い教育は質の高い教員によってのみ保証される

　教育の一番の使命は，一人ひとりの子どもの望ましい成長です。確かな学力を身に付け，豊かな人間性にあふれる子どもを育てることなのです。その実現にはいろいろな要素が必要ですが，そのために最も求められるのは，当然のことながら力量の高い優秀な教師です。
　優秀な教師となるには研修が必要です。それは，研修によって学んだ確かな理念や方法，それをもとに経験によって身に付けた力をもって教育にあたるこ

とで，実践の質が向上し，目の前の子どもが変わっていくからです。

しかし，研修はやらされ感のあるうちは，成果が上がりません。研修は自分の今抱えている問題の解決，自分の教師としての力量を上げるまたとないチャンスだととらえて，自分から進んで取り組んでいくようになってこそ効果が現れます。教員免許は教師になるための最低条件であり，絶えざる研修により，自らの力量アップを図ることを使命としている教師にこそ，教師としての資格が生まれるのだと考えています。

そんな教師に受けもたれた子どもは，確実に力をつけます。そうした教師ばかりの学校であれば，質の高い教育が展開され，子どもも明るく生き生きとしていくことは間違いありません。私は，教師が主体的に取り組むための研修のポイントとして，「理論を真摯に学ぶこと」「自分の経験の中でうまくいった実践の要因とうまくいかなかった実践の原因を自己評価し整理すること」「一つの方法でうまくいかなかった時にはあきらめず理論や原点に立ち帰り，次の方法を導き出す努力をすること」を職員に強調してきました。

(2) 生徒に寄り添い共に活動する時間を生み出す

昨今の学校現場は，次から次へと新しい要請がなされるとともに，生徒指導上の問題が後を絶たないため多忙をきわめ，とりわけ子どもと触れ合う時間，共に活動する時間がないといわれています。しかし考えてみると，教師が暇な時代などはなかったはずです。これまでも忙しい中で時間を生み出し，子どもと一緒の時間をつくり出していました。

忙しいことを言い訳にするならば，これから先も子どもとの触れ合い，共に活動することに時間を割くことは不可能です。忙しさを少しでも解消するためには，研修に励んで力をつけ，より合理的で効果的，そして無駄のない実践ができるようになることが必要です。

私は，極論かもしれませんが「研修は，日々のゆとりを生み出すためにこそ必要である」「みんなで力を合わせる協同も，ゆとりを生み出すためにある」と職員に言い続けてきました。今もその考えは変わっていません。

よく教師は「忙しくて子どもと触れ合う時間がない」と言いますが，一斉画一指導を行っていて，「教師は子どもに教えてやっている」「子どもは教えられ

たことを覚えればよい」という考えであれば、当然そうなるだろうと思います。

　しかし私は、授業にこそ温かな人間的な触れ合いが必要であり、そうした関係の中で学習を成立させなければならないと考えています。子どもと直接一対一で話をしなくとも「触れ合いの心」「協同学習の心」をもって授業に臨んでいれば、あえて「触れ合いの時間が必要」などということはなくなります。「協同学習」では、授業こそが子どもと積極的に触れ合う場となります。

　他方、子どもをビクビクさせながら授業を進めたり、子どもは教師の言うとおりにすればいいという、旧来からの授業観や子ども観をもつ教師は、どんなに子どもと触れ合っているつもりでも、教育的な意味は希薄で、そのような教師にいくら触れ合う時間と場面を与えてもムダだと思っています。

　しかしながら、教師が子どもと共に過ごす時間や一緒に活動する時間はいくらあっても足りない、ということだけはいっておかなければなりません。

(3) 学校課題の解決と教師自身の成長を同時に達成する

　学校全体としての協同的な実践で、集団目標を達成したり学校課題が解決すれば、教師はその一員としての誇りや喜びを感じることでしょう。しかし教師一人ひとりのレベルで考えた時には、この成果だけでは十分とはいえません。

　こうした実践を通し「学校も子ども良くなったし、自分の力量も上がった」ということ、つまり学校のためにも自分のためにもなった、自分自身が成長できたという実感がどうしても必要です。

　学校課題の解決では、自分の役割遂行を通して集団の課題解決に寄与し、みんなの役に立ったという貢献感、自己効力感を感得することになります。

　また、一人ひとりの教職員の学校課題や自己課題の解決による達成感の感得は、できたという自己肯定感を高めると同時に、さらなる実践への動機づけや自身の成長を実感するためにも欠かせません。その意味から校内研修の目的は、「学校課題の解決と自己の成長」であり、それはコインの裏表と考えています。

　研修に取り組んだことで、それが子どもの中に確かに実を結んでいるということと、自分の実力が確実にアップしたことが実感できれば、その努力は教師としての喜びに変わっていきます。そして、学校全体で喜びを感じているという雰囲気になってくれば、学校運営そのものがきわめて順調にいっているとい

う証左にもなります。

■3　実践の心構えと重点的な実践事項

（1）管理者として，「優れた指導主事」として

　校長の仕事は多岐にわたっていますが，私は校長こそ，「授業研究や生徒指導のエキスパート」でなければならないと考えています。校内研修に関しては，ふだんは指導者ではなく共同研究者でよいと思いますが"いざ"という時には研修の面でも頼れる指導者であることが必要です。

　教師にとって，日頃の授業や生徒指導が順調にいっていることの方が珍しいかもしれません。それぞれ何かしらの問題を抱え，それを自力で解決しようとしながら日々の実践にあたっています。日常的な問題については同僚からのアドバイスがとても有効に働きます。しかし，時にはそれだけでは解決の難しい問題が出てきます。そうした際には，的確な助言や指導をしてくれる指導者が必要ですが，いちいちそれを外部の専門家に依頼するわけにはいきません。その任を果たすのは校内の主任クラスの場合が多いのですが，相談された側にとってもそれが重荷になることがあります。

　そんな時には経験を積んだ管理職が，的確な診断のもとで改善のための処方箋を示してみせることが必要です。しかもできるだけ速やかに対応することが，学校の危機管理でもありその教員や学級を救うことにもなります。

　それは管理職にとってはきわめて重要な能力だといえます。その意味からは，授業や生徒指導に関する実践的な研修は管理職にこそ必要であり，行政による管理職研修も内容の工夫が求められると思っています。

　これまで上述したような考えをもとに，職員の指導や支援にあたってきましたが，具体的に留意していたのは以下のような点です。

1）校長室のドアはいつでもオープン

　職員との相談は校長の都合ではなく，職員が相談したい，話したいと思った時にできなければ，その意味は半減してしまいます。そのために，校長室のドアはいつでもオープンにし，できるだけ優先的に相談にあたってきました。

職員のニーズはさまざまでしたが，主だったところでは研究授業に関するものと生徒指導の問題が多かったように思います。とくに生徒指導に関する相談は，職員が手詰まり状態に陥り，何かしらの手がかりを求めてのものでした。
　相談を受ける側の準備で欠かせないのは，子どもたちの顔と名前を一致させておくことです。そして，日頃から心配な子どもに関しては，自ら観察に努め情報を集めておくことが，職員との相談を効果的に行い，職員も相談してみようかという気持ちにさせる必須の条件です。
　職員が気安く相談できるようにするためには，ただ校長室のドアをオープンにしておけばよい，というものではありません。かれらが，今どのような実践上の課題を抱えているのか，研究授業や実践発表，レポートなどの提出を控えていないかなど，職員とのふだんのコミュニケーションや観察を通して把握しておくことが，安心して相談できるかどうかの鍵となります。

2) 授業案・実践記録の作成は構想の段階から自由に話し合う

　校長や指導者によっては，職員が苦労して書いた授業案や報告書に対し，冷たくダメ出しをするだけの指導を見ることがあります。私もかつて一職員として同じような経験をした時には，頭の中が真っ白になり，どうしてよいかわからず，ただ途方にくれるばかりでした。自分が将来もしその立場になったら，これだけは止めようとその時心に決めました。
　ところで，なぜそうした対応になるのかを考えてみると，指導者がその職員の書いた"できあがったもの"を"理想的なもの"と比較して指導しようとするからだということに気がつきました。指導者としてそれを見れば，どうしても欠点が目につき，直したいという気持ちになります。するといきおい，根底から修正を求めたくなってしまい，全部にダメを出す。すると上のようなことが起こります。
　それを防ぐには，たとえば授業案や実践記録であれば，まず構想や大項目づくりの段階からフリートーキングをして，職員の考えやアイデア，言いたいことを十分に把握します。そして，支援のポイントとしては，職員の言いたいことがうまく伝わるような構成や表現に焦点をあてることです。その段階を十分に踏むことにより，職員は伸び伸びと授業案などを仕上げ，仮に修正すべき点

があっても，基本の思いが共通しているだけにアドバイスは快く受け入れられます。

3）職員への指導は「代案」と「見届け」を徹底する

校長として，時には職員の考えややり方を修正しなければならない時があります。その際には必ず「代案」を用意して臨むことにしていました。もっといえば，「代案」が浮かばない時には指導をしないようにしていました。また，職員の言いたいことや趣旨を曲げたり否定したのでは，どんなに良い「代案」でも受け入れられませんし，意欲は大きく減退してしまいます。

職員に対しては，それはもっともだと思ったり，それならうまくいくと感じたら直してくれればよい，というスタンスで臨んでいました。ほとんどの職員は，校長に言われたからではなく，それによって自分の案がよりよくなったと納得したうえで修正を加えていたようです。

もう一つ大事にしたことは，「見届け」です。校長は何かにつけ，職員に指導や指示さえすれば，その通りに実行されて当然だと考えがちです。しかし現実は決してそうではありません。その結末をしっかりと見届けてこそ，指導したということになります。それがある意味では，責任ある教育につながっていきます。もし期待していた結果がでていない時には，軌道修正や次の一手が必要になってきます。

4）授業参観では，参観後の職員への対応に心を配る

私が校長として日課にしていたことは，毎日，全学級（11学級）の授業を観ることでした。時間は1学級5分ほどですがとても多くのものを得ることができました。一番の目的は生徒の学習の様子を観察することでした。

意欲を失っている者や集団に不適応を起こしている者は，私にそれとなく分かるようなメッセージを送ってくれます。できるだけかれらを注意して観るようにしていたので，その違いや変化がよく分かりました。

年度初めに，私はフリーに授業参観をさせてもらいたい旨の了解を取っていたので，その日の都合のよい時間帯に参観していました。職員は，校長にいつ観られてもよい授業を行わなければならないことから，当初は精神的負担が相

当あったと思いますが，だんだんとそれを張り合いにしてくれる職員が多くなってきたことはうれしいことでした。

　そうなった要因の一つは，参観した授業については，一言でもいいので，できる限り感想を伝えたり，質問をすることを心がけたからではないかと思っています。時には話し合いに発展することもありました。もちろん毎日全部の授業に対してはできませんが，長い目で見ての平等な関わりだけは心がけてきました。そして私が何よりの成果だと思ったのは，職員とのやり取りを必ず職員室で行ったことで，職員室が次第に「研修の雰囲気」になってきたことでした。少なくとも「子どもの愚痴」を言い合う場ではなくなりました。

5）タイムリーな評価が"やりがい"や"手応え"を生む

　職員の意欲づくりには，"やりがい"や"手応え"がとても大事です。そのためにもっとも効果的なのは，自分の仕事によって「子どもが変わること」を実感することだと思います。しかしながら，すべてに望んだ結果が得られるとは限りません。そういう時には，プロセスや頑張りに光を当て，肯定的な評価を与えていきたい。もちろんその任には校長が最適であり，それは職員の次の意欲に必ずつながっていきます。そのためには，職員の仕事に対して校長が関心をもって見守っているという態度がなければ，タイムリーな評価はできません。この種の評価はタイミングを外すと効果は半減してしまいます。

　また，論点は少しずれますが，教育活動に評価が伴わないとすれば，極端な話，それはやらなくともよいということになりかねません。たとえばこれまで授業では，「思考力・判断力・表現力」の育成が大事だといわれていながら，現場ではそれについての評価がほとんど行われていなかったために，その育成はないがしろにされていた感があります。

　教育実践の確かな成果を挙げるには，評価からのアプローチは欠かせず，教育活動は確かな評価を伴ってこそ成就すると考えています。できればそれを形成的に行い（節目節目でプロセスを評価し），その結果をもって成果や問題点を確認し，必要に応じてさらなる実践の重点を定めたり軌道修正を行うことになります。そうでなければ責任ある教育は実現できません。このことは，学校レベルでも，個人レベルにおける実践でも考え方はまったく同じです。

6）実践を理論的に価値付ける

　確かな理論に裏付けられた実践はとても力があり，確実な成果につながるものです。私はその理論を40年来「協同学習」に求めてきました。それは間違いではなかったと今も実感し，これからも確信は変わらないと思います。

　しかし職員は，「協同学習」を学ぶために仕事をしているわけではありません。職員が実践の裏付けとなる理論を必要としたり，効果的な実践を生み出す方法が欲しい時に，職員の実践と「協同学習」の考え方を結びつけたり，実践に理論的な価値づけをすることを指導の重点にしてきました。そうして理論と実践を交流させることで確かな理論が身に付いていきます。

　教師の中には，ことさら力んで"実践で勝負する"と言う人がいます。それは，理論に対する偏見や誤解，あるいはコンプレックス以外の何物でもないと思っています。多くの研究者による息の長い探求や実践を経て導き出された理論を無視したり軽視したのでは，実践の成果は期待できません。

　優れた理論は，創造的な実践を縛るものではなく，子どもの実態に合わせた実践的手法を，まさに泉のごとくそこから湧き出させてくれます。何とかそこに気づいてもらいたいと思い，理論と実践を橋渡しすることが私の役目と心得てこれまでやってきました。

（2）職員の協同の良さを引き出し生かす研修の工夫

　研修には個人で行う研修と共同で行う研修があります。共同研修の代表はもちろん校内研修です。そこでは「より高い目標達成に向け力を合わせる」「互いに知恵を出し合い内容を深める」「互いの良さを学び合う」「役割を分担し責任をもって果たす」「互いに励まし合う」など，協同の良さを生かした校内研修を工夫することが，実践の質的な向上と共に職員集団づくりにも大きく貢献します。具体的には，次のような取り組みを実施してきました。

1）職員も子どもも育つ公開研究会

　「小さな努力の積み重ねが，やがては大きな成果となって実を結ぶ」という教えがあります。教育はまさにそのことがぴったりとあてはまります。何かをやったから劇的に子どもが変わるというものではありません。地道な実践の積み

上げ，繰り返しによって初めて，子どもにその成果が現れます。

　しかし人間の心は弱いものです。何もなければつい怠けてしまいますし，逆にはっきりとした目標があれば，それに合わせて努力したり工夫したりします。このことは，教師のもっとも優先すべき仕事である授業に当てはめると，大きな授業研究会でなくとも，保護者の授業参観などどんな機会でも，それを目標に今できる最高の授業をしようと努力することが，とても有効な力量アップの機会になります。私はそれを大切にするよう常に強調してきました。

　私の経験では，指定研究であれ，自主研究会の開催であれ，学校全体で研究会の開催に取り組むことほど，個の力量を高め，職員の協同の良さを引き出し，そして子どもの力がつくものはないと思っています。私は5年の間に，全校体制での公開研究会を2回開催しましたが，いずれも子どもも職員もそして学校も大きく変わる契機になりました。

　もちろん実際に開催にこぎつけるまでには相当の困難もありましたが，校長以上にやりたいと考えていた職員が何人もいてくれたのは幸運でした。職員の賛同が得られず，断念せざるを得ない学校もいくつか見てきました。乱暴な言い方ですが，公開研究会を実現するためには，最後は理屈ではなく校長の"熱意"しかないと思っています。

2）全員の主体的参加を促す研修企画の工夫

　校内研修では職員全員の役割分担を工夫し，各人がその役割を果たすことで，全体に貢献しながら自分の力をつけるような研修のあり方を心がけました。たとえば，研究授業では分析の視点を細かく設定し，全員が記録を分担し，事後に授業分析資料を共同でつくることで，全員の主体的参加と授業の観察力の向上が期待できます。ちなみに私の学校では，たいていは研究授業をやったその日は手分けをして分析資料をつくり，後日協議会を開いていました。

　また，研修の形態については，全体での一斉研修の他にも，教科別や課題別のグループ研修，演習方式の研修，模擬授業，職員が得意分野の講師を務める研修，自己研修の成果の発表会など，多様な方法や場面を工夫することで，全員参加の意欲的な研修が期待できます。それらは校内では，あえて時間を一斉に設定しなくとも可能な研修であり，時間の有効活用にもなります。

そしてそのことにより変わってくるのが，学校の空気です。全員が研修への参画意識をもち，研修を楽しむような雰囲気が少しずつ生まれてくるのです。

3）ボトムアップを重視した校内研修

研修への全職員の主体的な参加を実現するための重要な要件は，自分たちが納得してテーマを設定し，その実現のための研修の進め方をみんなのアイデアを出し合って決めたというプロセスです。そうすることで，同じ研究や実践を共同で行うという連帯感や研修を通した職員のまとまり，教師自身の意欲と責任感が高まってきます。ただ，それは職員の全くのフリーハンドではなく，校長の経営方針や子どもの実態，確かな理論をベースとして考えてもらうことはもちろんです。

そこで，私が毎年やったことは，校内研修と生徒指導については，新任職員が赴任する4月1日に時間を半日ずつとり，全職員でのKJ法を用いるなどした，協同作業による研修テーマの設定と研修の進め方を工夫していったことです。生徒指導では，これにより方針と実践の重点を定めていきました。

ところで，一般の企業や役所に見られる組織は，権限や指揮命令系統および責任の所在がはっきりした，いわゆる「ピラミッド型」になっています。

それに比べて学校の教員組織は，「なべぶた型」といわれるように，管理職以外は，年齢やキャリアに関係なく，いわば横一線に並列しています。それぞれの組織の長短はありますが，短所をあげつらっても生産的ではありません。その長所をいかに生かすかが，学校組織の活性化の鍵を握ることになります。

学校の組織構造においては，いちいちお伺いを立てなくとも，第一線（当面する実践現場）での意思決定と行動が迅速で，臨機応変な対応も可能になります。もちろん，それには個々のメンバーが一定の力量を備えていることが前提です。さらに，職員が対等な立場で意見を出し合い仕事に取り組むことから，民主的な組織文化を形成し，自由な雰囲気の中で創造的な実践を展開しやすくなります。

4）協同学習の手法を身に付ける機会としての研修

授業研修の一番の目的は，授業者はもちろんのこと，参観者も授業の分析を

通して授業力をつけることにあります。それと同時に，私が同じくらい力を入れたのが，その研修過程を通して協同学習の手法を習得することでした。協同学習を授業に導入していくには，その理念を理解することはもちろんですが，それだけでは子どもを指導することはできません。

　協同学習の技術は，教えられると分かったような気にはなるものの，簡単には身に付きません。体験を通すことによって初めて，その良さが実感され，指導のツボも分かってきます。当初はその指導は私が中心に行っていましたが，そのうちに少しの準備で誰でもが指導者として実践できるようになってきました。たとえば，ペアやトリオ，小集団による話し合い，そこでの司会のやり方，記録のとり方，結果の発表の仕方，質問や相互交流の仕方の体験などから始めました。これらは自ら体験するとともに，子どもにはどんな方法で指導するかの手順も合わせて学ぶ機会でもありました。

　次には，とくに大事な話し合いの深め方，合意形成の仕方，対立軸の設け方も重点をかけて学習しました。ジグソー法も体験してみました。こういった校内研修を続けていくうちに，職員は協同学習に関する自身の知識を増やすとともに，子どもの指導にも自信をつけていきました。このことは，どこの学校の校内研修においても重要な視点だと思っています。もしもその意識がないとするならば，実にもったいないと思います。

5) 生徒同士による生徒自身が行う研修

　全校体制で同じ目標に向かって進んでいくことによって，さまざまな研修のやり方が工夫できます。単なる授業参観だけではなく，時には教科の担当者が入れ替わっての授業や合同授業なども考えられます。とりわけ中学校で「協同学習」を学校全体で実践しようとしている時には，その定着には教師の研修以上に生徒の研修が必要であり，効果も上がります。

　私の経験で最も良かったと思う研修は，生徒が他のクラスの授業を互いに参観し，その感想を交換し合うといった生徒同士による活動です。かれらの感想は，時にやさしく時に厳しく的を射ていて，もらった方はとても参考になりました。

　また，同じクラスの中でも，一つの班の話し合い（観察対象となる班は順番

に交代する）をみんなで参観し，その後それについて感想を書いたり，時にはフリートーキングをしながら研修を深めていきました。

さらに「協同学習」を全校体制で行っているので，班の係別の研修（司会，記録，発表等）を3年生が下級生を指導する形で毎年実施してきました。

これらを総じていうならば，生徒はこういった研修を通して協同学習を進めるための技術を高めるとともに自覚も高まり，研修を行うたびに全員が同じ方向に向かっているのだという生徒相互の連帯感を強め，研究推進の大きな力になっていきました。

(3) 一人ひとりの職員が研修の主役になる

生き生きとした学校づくりには，職員の中にスターとその他大勢，とりわけ戦力外のメンバーをつくってはなりません。全員が主役とならなければ協同性も同僚性も発揮されず，集団としての力が湧いてきません。

どの職員にも期待をかけ，いつかは目立たせるのが校長の大事な役目です。しかし組織の中で一人ひとりを主役として立てるということはそう簡単ではありません。かれらが集団の中での自分の役割を果たすだけでは不十分で，集団を動かすリーダーシップが取れるようにならなければなりません。どの職員もいつかは自分の出番が必ずくるという意識は，組織やリーダーへの信頼を増していきます。

研修はやらされていると思っているうちは，成果が上がりません。研修は学校課題の解決とともに，自分の今抱えている問題の解決，自分の教師としての力量を上げるまたとないチャンスととらえてほしいと考えています。

1) 研修の主役になる最高の機会は公開授業

学校によっては，指導主事などに授業を公開しなければならないとなると，授業の上手な特定の教員やいわゆる研究会要員といわれる人に役割を振るということがあります。そんな学校では，他の教員には自分とは関係ないという態度が生まれ，学校の雰囲気も暗くなっていきます。そういう学校に限って学年が進むにつれて上の学年の授業は公開したがらず，1年生の授業ばかりを公開している例が見られます。合理的な理由があれば別ですが，「3年生は見せられ

ない」ということだけが理由だとしたら，何のための教育かといわれても仕方ありません。

　私は，外部への公開授業の機会があれば，よほどの事情が無い限り，時間割通りに公開するとともに，授業者を順番に公開するようにしてきました。しかしそれは，授業公開はどうでもよいということではありません。私は授業公開ほど教師の力をつけるものはないと思っていますので，公開するに値する授業を行うことを求めてきました。

　これには異論があるかもしれませんが，私は，参観者に「ふだんの授業」を見せることは，とても失礼なことだと思っています。今できる最高の準備をして臨むことが礼儀であり，全力で授業をすればこそ授業の評価も素直に受け入れることができ，自分の力量を高める機会になると思っています。そしてもしも，授業を公開するに際して不安があったり，心配な時こそ指導者の出番です。職員が自信をもてるようになるまで準備やリハーサルを一緒にやればよいし，日頃から少しずつその指導を心がけていればよいのです。

　こうした校長の姿勢は，誰もが率先して，安心して授業公開を行うという雰囲気をつくり，学校が生き生きとしてきます。

2）研修や視察などは率先して引き受ける

　校外からの授業参観希望や訪問などを含め，どんな授業公開の機会でも誰もが積極的に活用し，その時には研修の主役となり，授業の腕を磨くチャンスにしたいと思っています。そんな授業公開の依頼があったときは，校内の事情をやりくりしてでも引き受け，それを校内研修の貴重な機会として活用してきました。

　昨今は，とりたてて校内研修の時間を設定しなくとも，学校によっては研究協力校の依頼を受けたり，経験者研修や初任者研修の該当者がいたり，小中連携等の研修機会があることも多く，そこでは授業公開が必須です。当然外部の指導者から指導を受けるチャンスも多くなってきます。当該職員以外もできる限りオブザーバーとして参加し，そうした機会をしっかり生かすことは，研修や実践が大きく前進するきっかけになるはずです。

3）「今日はあなたが講師の日」

　私はかねてから校内研修の指導には，もっと校内の人材を活用すべきだと考え実践してきました。それは，その職員を生かすことにもつながり，そうした機会を与えられることで張り切って準備をし，再度勉強をし直すことで数段力量をアップさせていきます。内部講師は他の職員に対してもまたとない刺激となり，やる気を喚起することが期待できます。

　内容としては，模擬授業や専門分野についての講義とQ＆A，そして新しい指導法についての演習などを実施してきました。中でも効果が上がったと思っている研修は演習です。とりわけ新しい指導方法など（たとえば，生徒の主体的な活動を促す工夫やディベート，ジグソー学習等）を実際の校内研修での課題解決を通して習得しようとしました。

　こうした研修は，すでにその方法を習得している職員を教師役として行います。単なる講義や文献を読んで理解するよりは数倍理解度が高まり，自分の授業にも活用できるようになります。この種の指導技術は，実際の活動を通して体験的に学ぶことが一番です。もちろん，その理論を前もって学んでおくことが理想ではありますが，場合によっては，演習の後に理論を学ぶことも理解を深める一助になります。

4）職員の自己研修や校外での研修成果を共有

　校内研修においては，個々の教職員の個性的な学びや自分自身のテーマに基づく研修の成果を取り入れながら，研修の内容を充実させることが重要です。それは個々の教職員のやりがいにも通じます。

　また，年間を通して特定の職員が命令を受けて校外で研修を受けてくる機会も相当数あります。もちろんその教師の現職務に関する内容が多いのですが，多くの場合，その成果はほとんどが個人レベルで止まっています。

　教員の仕事をしていれば，研修の対象が何であれ自分とまったく関係のない研修はないはずです。忙しい中であっても，重要な学びはそれを全職員のものにする工夫が必要だと思います。

　さらに，他校の研究成果についても情報提供はされるものの，共有されないままどこかで止まり，ほとんど全体のものにはなっていません。

これらについては，取り立てて時間をとらずとも，その報告や資料を回覧したり掲示をするだけでも成果の共有はできます。それでは研修としては不十分なことは承知していますが，職員に関心さえあれば必ずそこに目を通し，何かを得ることは十分に可能です。要は，それを役立てるかどうかは機会のあるなしの問題ではなく"関心のあるなし"の問題だと思っています。

5) 一人で行う「授業イメージ図」の作成

　最近の授業研究では，決まり事のように参加者が小さなカードに自由な一口感想や意見を1項目ずつ書き，それをもとに授業後に参加者同士による小集団での討議が行われ，授業の特徴や問題点，改善のための手立てを導き出すといった研究協議がよく行われます。この活動には，どんな優れた指導者でもかなわない点があります。それは公開された授業の分析にあたって，多様な「視点」が提供されるということであり，それはグループ討議による研修ならではの良さです。そして，参加者同士で十分な時間をかけて話し合い，視覚的にも把握しやすいイメージ図にまとめれば，参加者にとってはとても良い研修になり，全員参加型の研修を行うには優れた研修方法だと思っています。

　しかし問題もあります。それは，ある程度まとまった研究協議の時間が必要であること，話し合いをリアルタイムで図式化していく技能に習熟している記録者が必要であること，その作業は通常グループ単位で行われるため，授業者がすべてのカードに目を通し，自分の授業を振り返り，分析することができないということです。

　そこで，研究協議の時間がとれなくとも参観者のカードデータさえあれば，授業の全体像を明らかにし分析できる方法として，一人で行う「授業イメージ図」の作成を提案します。

　授業者自身が参観者の全カードを集め，それをもとに時間にとらわれず，自分の発想で分かりやすく図式化していきます。そして，そこから得た教訓や改善策等も授業者の立場から書き込んでみます。それをしばらく掲示し授業参観者から読んでもらうことにより，研修のまとめになります。それに対する感想などを聞ければなおよいでしょう。

　この営みを通して最も勉強になるのは，もちろん授業者です。かなりの時間

と労力が必要になりますが，それを超えた成果を得られることは間違いありません。ぜひお勧めしたい研修の方法です。

(4) 個も集団もレベルアップする職員集団づくり

職場になれ合い的な雰囲気があるときには，実践の向上は望めません。適度な緊張感と切磋琢磨し合う雰囲気が必要です。そこでは，批判や反対意見を遠慮なく出し合い議論し，より高次の結論を得たり，また対照的なスタイルの者が磨き合い創造性を発揮することで，集団の目標が達成され個人の成長も見られます。

とくに留意したい点をいくつかあげてみます。

1) 職場には適度な緊張関係が必要

よく組織論で「一人の10歩より10人の一歩が大切」という言葉を耳にしますが，実際にはそれは実態に合っていません。もしそれが現実なら，一番レベルの低い人に合わせているに過ぎない「ぬるま湯体質」が，集団を支配しているからではないでしょうか。

組織の中には，どんどん先に行きみんなの目標になるべき人がいて，周囲がそれに追いつこうとがんばることで組織が活性化し緊張感も生まれてきます。そしてそれは，質の高い教育を生み出す原動力になります。私は常に，がんばる人がそうでない人に迎合したり遠慮したりする職場にだけはしたくないと心がけてきました。

学校は，職員が単に仲が良いというだけでは成果は上がりません。課題の達成に対しては互いに遠慮せず疑問点を出したり，自由に反対意見が言えるようでなければ，仕事や研修のための組織とはいえません。目標の達成に向けては，自分にも周囲にも甘えることなく，常に適度な緊張感をもって力を発揮し，共に力を合わせていく心構えや態度が必要です。

2) 批判や反対意見こそ大事にする教師集団づくりを

集団内でメンバーが相互に"高め合う"というのは，批判や反対意見を遠慮なく出し合い議論し，より高い結論を得ていくことであり，そのプロセスを通

して個人の成長が見られるということです。校内研修では，とりわけこのような体制や規範が望まれます。学校全体の課題解決に向け，個々人の知恵を出し合いながらそれを組織の中に最大限組み込むことで研修が充実し，個としても集団としてもその成果を得ることができます。

　少し理屈っぽい話になりますが，教職員は共通の問題解決に向けて，まず相互に自己を主張していきます。しかし，当然のことながら立場や経験が違えば批判も反対もあり，そこで衝突が起こることもあります。いやむしろその衝突が，最終的にはより高次の結論に到達することにつながっていきます。そして，一人ひとりは衝突を通して自己の「不完全さ」に向き合い，成長や進歩への見通しに基づいて自己を見つめ直し，自己の再構成へと動き，また新たな自己の発見というサイクルを繰り返し，個人も組織も成長していきます。この過程を自らスムーズに行えることが質の高い集団や個人の証しだと思っています。ここで必要になるのが，集団内で互いに遠慮なく衝突し合える関係（同僚性の核心）と，もしも自分の考えが誤っていたり間違っていることがわかった時には，それを潔く認め改める柔軟さ，そしてそれを糧に成長していこうとする謙虚さです。

　さらにそこに，集団全体のことを考え，話し合いのゴールを目指して活動を前に進めるための意見や，全員の参加を促すための意見が言えるようであれば，なおのことよいと考えています。

　たとえば，「もっとみんなにわかりやすく説明してほしい」「このことについて皆さんはどう思うか」「他の人の意見も聞いた方がよい」「そろそろまとめよう」など，このような発言が常に飛び交っている職員集団は，より高まった集団であると考えています。

3）"集団の全員がゴールすること"をみんなでめざす

　切磋琢磨は，我先にゴールすることを目指し，相手を蹴落とす単なる競争ではありません。競争は一番の者がゴールしたらレースはそこで終わってしまい，いわば順位をつけることが目的になっています。一番の者や勝者は圧倒的な満足感を味わいます（それが学習への強い動機づけになることもあります）が，敗者は打ちひしがれ，意欲をなくします。

それに対し切磋琢磨は全員がゴールするまでレースは終わりません。手段として競い合いを用いますが，他に勝つことや序列をつけることではなく，研修であれば自分が理解し技術を身につけるとともに，校内のみんなが同じようなレベルに達することを最終目的にします。それは協同の高度な姿であり，「協同学習」のきわめて重要な主張点です。

　私は学校経営において，職員にも生徒にも「ゴールした者はその『余力』を，まだゴールしていない者のためにどうか使ってほしい」と，ことあるごとに言い続けてきました。「助けることは当然だ」と強要したり「義務化」するようなことだけは決してしませんでした。おかげで，そのことが次第に理解され，学校全体にやさしい雰囲気が生まれてきました。

　言葉は適切ではないかも知れませんが，成績の良い者やできる者が「やさしさ」を身に付けてくれれば，"鬼に金棒"です。実際に職員の中では「あの子が変わってきた」「学級が変わってきた」という会話が多く聞かれるようになりました。鬼が金棒を得たことが大きな要因になったと今も思っています。

　校内研修では，職員同士による徹底した切磋琢磨の関係を構築したいものです。それは集団内でのメンバー同士の関係はもちろんですが，チーム同士の切磋琢磨も大きな成果をあげます。近年，校内研修では，リーダーを中心にチームを組んでの研修がさかんに行われています。そのチームは学年ごと，教科ごと，主題（テーマ）追求の視点ごと，各自が取り組む課題ごとにグループが編成されます。

　しかしながら，私の中学校では，あえて異教科・異学年でグループをつくっての研修を行ってきました。その趣旨は，専門教科が違うことでむしろ生徒の立場で授業を観ることができ授業改善に資するのではないか，また他教科の内容や指導から学ぶことも多くあるのではないか，そして全校体制での研修をより強固にしたいという発想からです。こうした異質なメンバーによるグループ編成は，もっと広く行われるとよいと思っています。

4）「教育の成果はすぐには出ない」という言葉に甘えない

　教育実践の目的は，教師一人ひとりの取り組みによって目の前の子どもが変わっていくことです。そのためには「評価」は欠かせません。子どもの実態を

正確に把握して適切な目標を立てるための「事前評価」と，その実践の結果を確かめ，次の手だてを導き出すための「事後評価」は，責任ある教育のためにはどうしても必要です。

しかし，実際の教育現場では，評価が行われないことも多々あります。その理由の主なものは，「教育の結果はすぐには出ない」「原因と結果の関係が必ずしも明確にはなっていない」，もっと正直にいわせてもらうなら，「うまくいかないのは自分の責任ではない」という思いが無意識に働いて，それがはっきりすることは避けたい，という甘い体質がそうさせているのではないかと考えています。もちろんそれは他人事ではなく，私自身の中にもそういう気持ちが無かったかといえば嘘になります。

このことの徹底は難しいと承知していますが，客観的な評価を怠っているために適切で効果的な指導方法を選択できなかったり，責任の所在が不明確な教育が蔓延している感は否めません。

さらにいうならば，厳しい評価の伴わない教育実践は，単なる教師の自己満足で終わるか，その実践は「やってもやらなくともよい実践である」とみなすこともできます。それは，まぎれもなく教育界全体のもつ甘い体質の現れであるといえます。

私は「実践には評価が不可欠であり，どんな形でもよいので区切りの評価は必ずやる」「ゴールイメージを明確にし，そこから逆算して今何をしなければならないかを常に考える」ということを強調してきました。そうした考え方が当たり前となるまでにはかなり時間がかかりましたが，何とか定着させることができました。

ちなみに私は校長在任中に2回の公開授業研究会を開催しましたが，その評価の一環として，すべての公開授業の記録や分析資料，授業の評価結果，分科会記録等を冊子にして，後日参会者全員に配布しました。当日の要項を遙かに超えるボリュームになりましたが，受け取った方々は驚いていました。少し手間はかかりますが，研究会と銘打っているからには，その成果と問題点を確認し，それを参会者と共有するまでが公開研究会であり，当然やらなければならないことだと思っています。

5）「子どもからの評価」を進んで受け入れる

　実践の質を向上させるのは，厳しい評価をおいて他にありません。それを行うことで少なくとも「何が功を奏して，何が効果的でなかったか」を検証し，改善・向上のための「次の一手」を導き出すことが重要です。そうした厳しい評価とは，「子どもの現実から謙虚に学ぶこと」と「子どもからの評価を進んで受け入れること」が一番だと私は考えてきました。

　本音をいうならば，教師にとって子どもからの評価ほど怖いものはありません。それを無記名で問う勇気ある教員をあまり見たことがありません。子どもは正直ですから，ふだんは黙っていますが，先生の指導や授業については言いたいことをいっぱいもっています。私は謙虚に子どもの声を聞くことは，"下手な校内研修"をやるよりもよほど効果があり，自身の力量アップにつながると思っています。

　心構えとしては，「子どもの教師に対する評価は適切である」「子どもの現実を自分の指導の結果として素直に受け入れる」「子どもの問題には，言い訳をせず自分にも必ず応分の責任があるという姿勢で臨む」，などが大事になってきます。そして子どもからの評価方法については，そのために行うテストやアンケート調査，子どもとの面談，日頃の観察はもちろんのこと，子どもがいろいろな機会で書く「手記」や「自由な感想」なども大きな手がかりになります。

　これこそぜひ組織をあげて全職員で行ってもらいたいと考えています。実践している学校や教師は必ず伸びるに違いありません。

■ おわりに

　これまで，私の校長としての経験を通し「研修を核とした学校づくり」「協同学習を実践の中核に置いた学校づくり」について述べてきました。ここではうまくいったことばかりを書いていますが，もちろんうまくいかなかったことも数多くありました。しかし，何とか乗り切ることができ，ここに書いたような実践を少しでも残せたのは，「研修を核とする経営方針」がぶれなかったことと「協同学習」のもつ力だと今も思っています。

　ところで，私の実践の中の一番の思い出は，2回にわたる公開授業研究会で，

全職員が授業公開をしたいと立候補し，授業者を決めるのに難渋したことです。それを見て，「自分の方針は間違ってはいなかった」と万感の思いがこみ上げてきたことをよく覚えています。

　今読み返してみると本論全体が，いささか自慢話のように受け取られるのではないかと懸念していますが，読者の実践のヒントや，やる気の手助けになるとしたら望外です。

参考文献
髙旗正人　1981　講座・自主協同学習　全3巻　明治図書
髙旗正人　2011　論集・授業の社会学と自主協同学習　ふくろう出版
杉江修治　2011　協同学習入門　ナカニシヤ出版

中学校管理職として目指してきたもの
―人を育てる・共に育つ・今伝えたいこと―

坂谷敦子

■ はじめに

(1) 校長になるまでの経験

　私は，2014年の3月をもって中学校での教員生活にピリオドを打ちました。最後の10年間は，教頭として2校に3年間，校長として3校に7年間の勤務でした。本章では中学校の管理職として，とくに校長職としてどのような考え方や思いをもって学校づくり，人づくりにあたってきたかを述べたいと思います。

　私は現場での管理職生活に入る前に，石川県小松市教育委員会の中に置かれた小松市教育センター（現在は小松市教育研究センターに名称変更）に4年間（3年間は次長兼指導主事，1年間は所長として）勤務しましたが，ここでの経験が私のその後の教育観や，目指す教頭像や校長像に大きな影響を与えています。それは私の管理職としての実践の重要な伏線でもあることから，本題に入る前に少し触れておきたいと思います。

(2) 教育委員会在職時代―何を学んだか

　教育委員会に勤務したのは2000年から2003年までで，ちょうど1998年に学習指導要領が改訂されて1999～2001年が移行期間，2002年度から完全実施という時期でした。総合的な学習の時間，観点別評価，評価の規準と基準，絶対評価，学校5日制の導入等々，教育の流れの大きな変わり目だったのです。新しい視点でやるべきことが教育の現場に次々と押し寄せてきていました。

1) 時代を読む

　こうした状況の中で，「時代を読む」ことが欠かせない，気づきの精度を研ぎ澄ますということが必要だと感じるようになりました。最前線の情報を的確に読み解く。それにより何を施策として打ち出すべきかが分かり，その実現に

向かう企画・予算・交渉の組み立てを図る。すなわち，ビジョン構築から具体策提示，関わる人物，予算獲得の手立て等を考える際の，重要なポイントを押さえる力量をつけるための貴重な経験になりました。とくに教育センターでは教員研修，情報教育，科学教育，教材資料作成，教育相談，適応指導教室に関わるなど，広範囲な領域を受けもっていたので，上記のような柱立てをきちんと踏まえた判断をすることが必須でした。また，こうした業務に携わる関係上，優れた研究者やその道の専門家に講演や研修会講師の依頼，指導助言を求める機会が必然的に増えていきました。こうした方々に，後々，実践の改善に向かう理論的な支柱として，また力強い知的支援者として私を支えてもらえるようになったことも，実に幸運なことでした。

2) 学校以外の組織を知る

　市の教育委員会に入るまで，学校という組織の中でしか働いたことがありませんでしたが，市役所の中で市職員として働くことになり，教育以外の部署との関わりも多くなりました。円滑な人間関係を営むよう努力することはもちろんですが，組織の有り様や起案の流れや予算編成，ヒアリング，議会対応等々を目の当たりにすることができ，学校以外の組織を知る貴重な期間でもありました。役所という大きな組織の中でそのシステムを理解しつつ，また一般人として外から「学校をみる」ことができたのです。このことは学校現場に戻ってからも，自校の状況を学校の論理だけからとらえたりしないように，客観的に，ある種第三者的な眼で見ようとする気持ちを常にもって学校経営に臨む，という姿勢につながっていったと思っています。

　上記の2点は，後に学校経営者となったときの基盤づくりの上で大きな意味をもつことになりました。

3) 学校訪問を通して得たこと

　しかし，何といっても最大の収穫は学校訪問を通して得た経験だったと思います。その1つは，訪問先の学校に足を踏み入れた時に，学校長の経営方針や教育に対する姿勢が如実に感じられる，玄関に入った時からそのことが見え始めると感じたことです。それは教頭をはじめとした当該校の核となるサブリー

ダーたちが見せる気づきと気遣いを通して，校長の経営意図がどこまで学校全体に浸透しているかが見えるように思われました。それがその学校の「学校文化」なのだと感じた次第です。

　2つ目は，数多くの授業を参観したことです。素晴らしい授業風景にいくつも出会いました。そこでは，確かな教材理解とねらいの達成に向けての周到な授業構成が見て取れました。また，児童生徒との日頃からの良好な人間関係が推察される声かけやきめ細かな指導の有り様など，やはり子どもたちの意欲を引き出すための授業者の入念な準備がありました。とくに，それまで中学校の経験しかなかった私には，小学校での授業観察が，自分自身にとっての一番の勉強の機会になりました。

(3) 教頭として見続けた校長の姿

　この後3年間，2校で教頭職を経験しました。その3年間で3人の校長の下で仕事をしました。毎年校長が変わるという状況だったのです。この3人の校長の姿勢からも実に多くのことを学ばせてもらいました。今，振り返っても，とても密度の濃い3年間で，その経験は自分の描く校長像にも随分と反映されていたと思っています。

　教頭時代，私が一番心がけたことは「校長の最良かつ有能なパートナーとなること」でした。先に，学校訪問時には校長の経営姿勢が「学校文化」として表れると述べましたが，その文化づくりの鍵を握っているのは教頭であると自分なりに思っていました。ですから，校長の学校経営の思いや願いをどのレベルまで読み解き理解するか，そしてそれをどのように形に表すかが教頭としての力量だ，との考えが自分の中にはありました。教頭としての気づきや気遣いがどこまでできるか，また，職員集団の扇の要の役割を果たし得ているかということが，自分に課せられていることだと思っていました。そのためには，とにかくよく見ること（見抜くこと），よく聞くこと（推し量ること），最新の情報収集のための努力を惜しまないこと，いろいろな場面設定をしながら日ごろから準備しておくこと，を自分に課していました。もし，こんな場合，自分が校長であればどこに連絡するか，どんな指示を出すか，どんな言葉かけをするか，どんなチームで臨むか等々，少しのことでも聞き漏らすまいと張り詰めた

日々を送っていたように思います。

1　校長として求め続けたこと

(1) 勤務校の概略と背景となる教育情勢

　こうした教頭経験を経て，2007年度に校長として市内の中学校に配属されました。以後，退職までの7年間に3校に勤務しましたが，それぞれの学校の概略や地域性，また当時の国や県の教育情勢がどのようであったかということは経営方針に関わってくることから，ここで触れておきたいと思います。

1) 小松市内K中学校

　2007年度に市内山手の中学校に校長として赴任し，3年間勤めました。ここは教頭初年度から2年勤務した学校でした。1小学校1中学校という学区で，子どもたちは義務教育の9か年を共に過ごすという地域でした。それは指導の連続性という点では大きなメリットでしたが，反面，固定化された人間関係が9年間（保育園時代も含めるとそれ以上）続くことになり，同時にさまざまな問題を抱えているということでもありました。

　国の動きとしては，以下の経緯を経て，2012年度の学習指導要領完全実施に向けて順次備えていかなければならないという教育情勢でした。

　　○ 2007年6月　学校教育法改正，同年10月　学校教育法施行規則改正
　　○ 2008年3月　新学習指導要領告示
　　○ 2009年度から先行実施が一部で始まる

　また，2007年度から全国学力・学習状況調査が実施され，「学力」問題がクローズアップされ始めました。この問題にどのように対応していくか，また何より授業に対する教師の意識改革をどのように図っていくかということは，この先の大きな命題になると思いました。

　同時に，導入が始まった学校評価に対する理解や，どのようにこれを有効活用していくかも注目されることになりました。タイミングよくその翌年から

「『学校評価の充実・改善のための実践研究事業』実践協力校」という形で，文部科学省から2年間の研究指定（小松市としての地域指定）を受けました。

　この指定を活用して，学校評価についての研究を校内で深めることができました。ここで実践・研究した「学校評価を活かした学校経営」は，以後の勤務校でも私の学校経営理論を支える一番太い柱となりました。

2）小松市内A中学校

　続く2年間の赴任校は，同じ市内の海寄りの学校で，前任校と同様にやはり小・中学校が各1校という地域でした。しかも，両学校が道を隔てて互いに向き合って建っているという立地条件にありました。

　ここは，過去に県教委・市教委指定の「活用力向上モデル事業」推進校としての研究実践を積んできた学校でしたが，目に見える形での学力向上の成果を実感することができていないのが実状でした。ただ，上記のような立地条件は市内でもここだけです。義務教育9か年というスパンの中で，指導の連続性という観点からこの環境を活かさない手はない，この状況をどう活かしながら学校としての課題解決に向かっていくか，立地環境を要に据えて経営構想を練ろう，と考えました。

　この学校での1年目を終えようとしていた年明けに，県教委から学力向上に関わる指針「いしかわ学びの指針12か条」（現在は「いしかわ学びの指針12か条＋（プラス）」に改訂）が出されました。

　これは，過去3年間の石川県全児童生徒の全国学力・学習状況調査の結果を金沢大学との連携のもとに，詳細に分析・考察した上で策定された指針でした。校長2年目となる2011年度には，石川県から「家庭や地域との連携による学び支援事業」（実践協力校，1年間）と小松市から「小松市学力向上研究推進校」（2年間）という形で2件の研究指定を受けました。

3）小松市内R中学校

　2012年度は，校長3校目となるR中学校に赴任しました。この学校は市内の中心部にあり，歴史ある伝統校です。ここには教頭3年目に1年間赴任しており，5年ぶりに校長として戻ったことになります。この年度からいよいよ

「新学習指導要領完全実施」が始まりました。

　また，先に述べた「いしかわ学びの指針12か条」の周知・理解を図ったうえで，石川県ではこの年度から地域の学力向上の拠点となる学校を推進校として指定し，授業改善や指導力向上への取り組みを本格的に進めていくという事業が3年計画で立ち上がりました。その推進校として県下30校が指定され，この学校もその推進校の中に入りました。

　小松市では，同じ校区にあるR小学校も推進校に指定され，連携を図りながら実践研究を進めていくことになりました。5年ぶりに戻ってきたこの学校でもやはり「授業改善」は重点課題となっていたのです。

(2) 目的をもった集合体としての学校組織

　3校での7年間の学校経営の中で私が一貫して大切にしてきたことは，目的をもった集合体としての組織をいかに創り出すかということでした。そのために，赴任時には以下の2点を徹底的に分析して経営構想を練りました。

1) 学校のミッションとは何か―課題の把握から目標の重点化へ

　赴任して一番先に見極めることはその学校の現状を把握することでした。そのために，教職員からの聞き取りのほか，客観的に判断するために記録や資料，データの推移など多方面からの情報収集を心がけました。実態把握から現状の理解，学校診断，課題の特定（重点化）を図ることで，この学校のミッションを明確にすることが校長としての最初の作業です。

　ミッションが明確になったら，次に必要なことは学校における「経営資源」の徹底分析です。すなわち，このような状況の中で，課題解決に向けて使える資源の状況はどうなのかを探ることです。この「経営資源」には人（教員・生徒・保護者），もの，お金，情報や知識・ネットワーク（地域・外部）などが考えられます。

　目指すもの（ゴールの姿）と使える資源の目途が立ったら，最後は課題解決に向けてのストーリーを構想しなければなりません。これは目標に達するまでの作戦（道筋や方略）を練るという重要な作業です。この時に，自分の足元だけを見るのではなく，時代を読む（先を読む）ことを忘れないこと，そのため

には最前線の情報収集に努めるようにしました。

2) 課題解決へのビジョンの構築にあたって

　課題解決に向けてのストーリーの構想が立てられたら，いよいよ具体的なビジョンの構築を図ります。教職員を納得させ，やりがいを感じさせるビジョンにするには，「納得のいく到達目標の共有」が欠かせません。なぜ，この取り組みが必要なのか，我々はどういうことを目指しているのか，このことを全員が理解してスタートすることが大前提です。そして，課題が解決した時の姿やイメージが明確であること，そのために「ゴールの姿」を提示すること，この2つがビジョンの構築に当たっての必須事項だと思います。

　ゴールの姿がはっきりしたら，そのためには何を，いつ，誰が，どんな手法で行うのが適切か，そのために必要な準備・予算・人材はどうしたらよいか等々，ゴールから逆算して計画を立てていきます。私はこれを「逆算の構想」と呼んでいます。こうすることで見通しをもって進めるようになります。

　次に忘れてはいけないのはプロセスの設計です。成果を測る指標はどうするのか，いつ，何をもって評価・検証するのか，検証後の対応はどうなるのか，といういわば方策に当たる部分をこの時点できちんと考えておくことが必要です。

　以上の2点が，赴任時の経営構想を構築する際にまず行った重要な作業でした。自校の現状を把握し，課題に気づき，解決への道筋やゴールの姿を共有することは，学校全体が向かおうとするベクトルを全教職員に意識させる点において，とても大切なことだからです。

■2　「教師の意識改革」「授業改善」「学力向上」の実践
―3校に共通した課題から―

　前述したように，3校の学校規模や現状，職員集団，地域性はそれぞれ異なっていましたが，時代の要請もあって，まずは「教師の意識改革」，そして「授業改善」，それに伴うものとしての「学力向上」，この3つは共通した課題であり，かなり緊急度も高かったように思います。K中学校からA中学校へ，そしてR中学校と，学校の状況に応じた取り組みを実践してきましたが，その都度

前任校での実績を最大限に活かしながら取り組んでいました。

(1) 教師の意識改革
1) 学校経営計画と学校評価の連動
　全教職員に課題を意識・理解させ，課題解決へのビジョンを共有したら，次はこれを目指して学校全体が動き出さなければなりません。私はこの時に2007年度から小松市に本格的に導入された学校評価を使いました。学校経営方針は校長の立案ですが，学校経営そのものは全教職員一人ひとりの力と組織の総力を挙げて取り組まなければ立ち行きません。「学校経営は総力戦」であり，校長一人では何もできないのです。その成否は，教職員の「参画意識」をいかに引き出すかにかかっています。私はここに学校評価計画を連動させました。なぜならば，学校評価の評価項目に挙げた観点は，その年度の重点目標の達成に向けて実践していく時の指標となるからです。したがってこのことを全教職員がまず理解し，それを踏まえて分掌の遂行，学年学級経営，教科領域の指導，生徒指導等を行います。その意味ではこれに基づいてこそ，学校としてまた教職員個人として達成すべき目標設定がきちんとなされる，と考えられます。この学校評価に関わらない教職員はいないはずであり，課題解決に向かって全員が動き出すことは可能だと考えました。

2) 明確な意図をもった評価計画の立案
　そうであるならば，教職員・生徒・保護者に何を気づかせたいのか，何を改善したいのかという校長のねらいを戦略的に組み込んだ評価計画を立てる必要があります。学校評価を実施し，その公開を通して学校も教師も評価され，学校は指導の結果に責任をもたなければならないのだということ，「学びの質を保証する責務」があるということ，に気づいて欲しいと思いました。私がこの学校評価の導入によって一番目指していたのは，こうした教職員の意識改革でした。

3) 評価結果の効果的な運用
　こうしたねらいがある以上，学校評価の尺度をどう設定するのか，どのよ

うなデータを収集すべきか，アンケート内容の吟味，集計方法の工夫，データの活用方法，公開方法等をどのようにしていくか，これらのことが結果の有効性を担保する鍵となります。アンケートに関しては2007年度からずっとマークシート方式で作成し集計も行っていました。効率性を高める工夫をすることも現場では必要です。担当者や担当部署とのヒアリングを通して意識を高め浸透を図っていく，分掌を飛び越えた他の部署との連携性に気づくことを通して，教職員個々の責任や自覚，学校経営への参画意識を育てていきます。

(2) 学び合う教師集団となる授業改善
1) 学校研究で学校を変える

学校研究では多様な学校課題の中から重要な事項を選び出し，優先順位をつけて取り組んでいく，という視点が大事だと思っています。そしてその主な目的は，学校や教職員個人の力をつけるところにあります。課題を克服するための主題・構想・計画・実践・評価・検証という，ゴールまでの道筋の中で徹底的に試され，あるいは鍛えられるのは個人の資質・能力と学校組織力です。学校研究で学校を変えていく，学校研究が学校力向上の牽引車となるような，有効なプランを立てて取り組みたいと思っていました。

表4-1は，3中学校それぞれの研究主題で，当時の各校の優先課題を示したものです。

K中学校は生徒数が200名余り。1小学校1中学校という校区なので，幼稚園・保育園の頃からずっと同じ仲間で，友人関係の固定化が学校での生活基盤としての学級や学年集団に影響を及ぼす場面が見受けられました。生徒たちは集団の中で自信をもって前面に出るような行動が少なく，そうした機会や場面

表4-1 校長として勤務した3校の学校研究主題一覧

2008年度 2009年度	K中学校	自ら学び，心豊かでたくましく生きる，実践力のある生徒の育成―学び合い，認め合い，高め合える場づくり・集団づくりを通して
2011年度	A中学校	義務教育9か年の学びの中で培う確かな学力―小中連携で取り組む学力向上プロジェクト
2012年度 2013年度	R中学校	「わかった・できた・使える」力を育む授業づくり―生き生きと学びに向かう生徒の育成を目指して

の経験をもっと積む必要があると考えました。

　A中学校も同じく小・中学校各1校の校区でしたが，ともに学力面や授業規律・規範意識の面で課題が多いという状況でした。両校の校舎が向かい合って建っているという立地条件を活かし，まずは教師同士の交流を図り，9年間を通して子どもを育成するという視点で研究構想を組み，地区の保育園や地域も巻き込んでの学力向上プロジェクトを立ち上げました。

　R中学校は生徒数500名余りの中規模校です。市内中心部にある伝統校ということもあって，生徒や保護者，あるいは地域自体もプライドをもち，生活規律もできている落ち着いた学校でした。しかし，教職員にはそのことに安住している面が見受けられ，従来の教師主導型の授業がまだ多いという状況でした。

　当時，中学校で授業改善がなかなか進まない理由の一つに，他教科の授業を見る機会をあまり設定していないことがありました。校内研修会の一環として研究授業や公開授業を設定しても，その後の授業整理会（参観した授業についての検討会をこのように呼んでいました）では専門外だからということで，意見を交流させることに遠慮や抵抗感があるという雰囲気です。

　最初のK中学校の研究主題の副題にある「学び合い，認め合い，高め合える場づくり・集団づくりを通して」は，生徒が対象であることはもちろんですが，それ以上にまず，学び合い，認め合い，高め合うことの意義を理解し，そうした実践ができる教師集団を目指したいと思いました。

2) 研究者に指導・協力を依頼する

　この時に，市教委時代に研修会の講師として協力を仰いだ大学の研究者に指導の要請をしました。中でも協同学習の考え方に私自身が共鳴していたことか

ら，中京大学の杉江修治教授には校長在職中の7年間，3校の授業づくりに継続して指導助言をお願いしてきました。左の写真は，初期の頃（K中学校）に杉江教授を招聘して実施した校内研修会の様子です。

　同様に，道徳の授業づくりの講座を通

■2 「教師の意識改革」「授業改善」「学力向上」の実践　83

表4-2　外部講師招聘による授業研究の日程（K中学校2009年度）

月　日	形　態	研修内容
6月5日	授業公開 校内研修会	協同学習，授業づくりについて 講師：中京大学 杉江修治教授
7月8日	研究授業（2教科） 校内研修会	美術科，社会科の授業提供 講師：中京大学 杉江修治教授
8月28日	校内研修会	新学習指導要領の改訂と道徳教育改善のポイント 講師：淑徳大学 新宮弘識名誉教授
12月3日	研究授業（道徳） 校内研修会	1年B組「ネパールのビール」 講師：淑徳大学 新宮弘識名誉教授
2月23日	研究授業（2教科） 校内研修会	数学科，国語科の授業提供 講師：中京大学 杉江修治教授

して指導を受けたのは淑徳大学の新宮弘識名誉教授で，やはり3校とも継続的にかかわってもらいました。

表4-2にK中学校の例を挙げます。

このように，教科や道徳では理論的なことや授業づくりで大切なことを全員で学習し，その後は，自分の教科で研究・実践しながら，校内で必ず公開する機会をつくります。道徳に関しては，学年単位で取り組んでいました。

校内でこうした研究実践を重ねながら適切な時期に，研究授業の形で実施したものを参観して指導助言を仰ぐ，それらを自分たちの実践の検証の機会としてとらえて次の段階に上げていくための方策を校内で検討する，という方式はこのK中学校だけではなく，以後のA中学校，R中学校でも行っていました。

3）外部研修会への参加を促す

校内で計画的に研修を積むことと並行して，教職員個々の力量を磨くために，外部の研修会に積極的に参加することを勧めていました。内を見るために外を見てくる，最新の知識や手法を吸収するための勉強を同時に重ねていかないと，独りよがりの実践で満足してしまう場合があるからです。

参考として，R中学校での2年目の様子を紹介します（表4-3）。夏季期間中には多くの優れた研修会が設定されますし，また時間も取れるので全くの個人任せではなく緩やかなしばりをかけて校長から提案します。

表 4-3　外部研修会への参加体制（R 中学校 2013 年度）

期日	研修形態	研修項目	内容・講師
7月23日	教科個人選択	英語力向上	英語科授業づくりセミナー 文部科学省 直山木綿子教科調査官
7月29日	選択校内研修1	読書指導	小松市夏季教職員研修 東京大学大学院 秋田喜代美教授
8月5日	選択校内研修2	授業改善	小松市夏季教職員研修 東京大学大学院 笠井健一教授
8月9日	選択校内研修3	学級づくり 授業づくり	小松市夏季教職員研修 上越教育大学大学院 赤坂真二准教授
2月4日	文科省国研 教育課程研究セ ンター指定事業 研究協議会	中学校数学	思考力・判断力・表現力 1名参加
2月4日	同上	中学校保体・ 特別活動	実践発表　　1名参加
2月5日	同上	中学校社会	論理的思考　2名参加

（講師の所属肩書等は 2013 年度当時）

　夏季期間中の研修については，選択校内研修1〜3の中から各自の課題やスケジュールによって最低1つは受講するものとし，その位置付けを「校外で開催される研修を利用した校内研修に準ずるもの」としました。2つ以上の受講やその他の研修への参加については自由選択です。これによって，何も受講しないという教員はいなくなります。私は，受講したことによる本人の内容のとらえ方や，それを今後どのように活かしていこうと考えているかは，個人の報告書に目を通すことで確認していました。また，8月末の校内研修会では1〜3の研修内容の報告を求め，参加できなかった研修の内容や資料も全員で共有しました。時間を有効に使うこと，遠出しなくても参加できること，そして時宜を得た研修内容を個人としてまた学校としてフル活用したいと思い，このような方式を導入したのです。この方式は2校目のA中学校で取り入れ，その有効性を認識し，引き続きこの3校目のR中学校でも採用しました。

　A中学校では指定研究を受けた1年目の2月には，ミドルリーダーの立場にある教員1名を文科省の主催する研究協議会に派遣しました。この研究協議会は毎年この時期に開催されますが，R中学校では指定研究を受けた2年目の2

月には，1年目の実践で職員意識や授業改善の進捗状況がかなりのレベルまできていたことと，若い年齢層の教員が多く，この層の人材育成に力を注ぐ必要があったため，全国の実践を見て勉強してもらおうと，採用から4～5年目の若手教員を派遣しました。

若手教員の派遣でしたが，その伏線はそれまでの授業研究，公開授業，それに向けての徹底した指導案指導，その他の研修会参加等を通して，すでに十分に内容が吸収できるだけの準備がなされていました。前年の暮れに小松市で初めて日本協同教育学会主催の協同学習ワークショップが開催されましたが，この時にも本校からは4名の若手教員を参加させました。この体験も，かれらのその後の授業に対する考え方に大きな影響を及ぼしたと見ています。

4）協同学習を活かした校内研修会
A．参加・協同・成就を生徒が実感する授業を創る

授業改善に向けての研修計画を立てるときに心がけていたことは，主に以下のことでした。

・積極的に授業公開をする。
・授業の基礎となる指導案がきちんと書けるようにする。
・多くの授業を参観して「授業を観る力」を養う。
・いろいろな機会を研修の場として利用していく（あらゆる官制研修や教育委員会主催の研修会，他校の研究発表会など）。
・模擬授業やワークショップ型の研修を取り入れ，協同によって互いの力を高め合うことを意識する。

中でも力を注いだのは，教師自身がまず主体的に参加し，その中で学び合う場面や学んだことを活用しての校内研修を工夫・実践することによって，授業に対する気づきを引き出し，授業改善への意識改革を促したいという点でした。そのために，授業者が意図した授業づくりの重点を研修資料に明記するとともに，参観に際しての共通の観点を設定し，授業研究や授業整理会を全員参加でねらいを絞ったワークショップ（以後はWSと表記）形式で行いました。WS形式は当時の市内の中学校ではまだそれほど普及していなかった手法なので，K中学校の初期の研修会では，こうした形式に慣れ，意見交流のルールをマス

ターし，各自が意欲的に参加することを目標にして，できるだけ単純な形の研修形態からスタートしました。

2校目のA中学校では時間の有効な使い方の工夫として，次のような手法を試みました。まず，全員で1つの授業を参観して協議に臨むのではなく，全教員を3グループに分け，特定の校内研修日にそれぞれのグループ内で授業担当者を決め，当日は6限目の校内研修会までにこの3教科の公開授業を配置します。この時には，グループ員がグループで担当した授業を必ず参観できるように教務主任が時間割を調整しました。全員が集まっての校内研修の50分の中では，この3つの授業を取り上げ，担当グループ内の検討会を軸に置いて進め，それぞれの結果を全員で共有するという形をとりました。

A中学校で初めて導入した時の形式を表4-4に示してみます。研究協議の流れは表4-5に示します。

研究協議会は，一種の授業と見立てて50分で構成しています。これは，校内研修会の時間をむやみに長引かせないというねらいもありましたが，最大の目的は50分をどのように構成して課題を達成するのかを，授業と同じように考えてもらうことでした。どうすれば生徒同士（この場合は教師同士）が自分の考えをもち，グループの中で互いに伝え合い良い方向にもっていけるか，そしてそれを全体の場で出し合い練り上げて，当初の課題に対して自分の中での気づきが得られるか，さらに，その気づきがその後の授業に活かしていけるか，そうしたことがこの手法の意図でした。50分授業（研究協議会）の担任役（ファシリテーター）は研究主任が務め，事前の計画・周知・準備は研究推進委員会が受けもちました。

◆研修会後の振り返りアンケートから

授業検討会をこのような形で実施したことについて，教職員からは有効であ

表4-4　A中学校第3回校内研修会（研究協議会）　授業公開一覧

時限	授業者	教科	授業学級	授業研究グループ員（教科）			
2限	A教諭	家庭科	2年2組	社	社	音	美
4限	B・C教諭	数学科	1年1組	数	数	英	英
5限	D教諭	国語科	2年1組	国	理	体	体

2 「教師の意識改革」「授業改善」「学力向上」の実践

表 4-5 授業研究協議会（6 限目）の流れ

段階	協議会の流れ（授業前～ WS ～ WS 後）	形態	時間
	「授業前」（参観の視点・方法の提示，付箋配布）		
	「授業参観」（付箋に記入）　　（気づく・考える）	個人	50 分
起	○全体会開始 ・授業者からのコメント（1 分 × 3 人） ・分科会の目的と流れを説明する……司会 （分科会の目的） ・グループ内で参観者が抱いた授業の良さや課題を伝え合い，互いに意見を述べることで協議し，課題への解決策を検討する。 　　　　　　　　　　　　　　　（伝える・考える・決める） ・自分たちの協議の内容を全体会で他のグループに伝える。 　　　　　　　　　　　　　　　　　　　　　　（伝え合う） （今回の授業研究協議会の最終目的） ・協議会を通して自分の授業について振り返る。 　　　　　　　　　　　　　　　　　　　　　　（高め合う） ・分科会内で行うことを説明する。……司会 ①付箋を模造紙の領域に合わせて貼る。 ②付箋を内容に合わせて仲間分けをする。 ③仲間分けしたものに小見出しをつける。 ④仲間分けをしたグループ同士の関係性を見る。 ⑤関係あるもの同士は線で結び，簡単な説明を加える。 ⑥今回の授業研究での課題を明確にする。 ⑦課題の解決策を考え，模造紙に書き込む。 ・グループ内での役割分担（司会・記録・計時・発表・授業者）や時間，分科会後に求められていることについて説明する。……司会 ○分科会開始 ・3 つのグループに分かれて協議開始。	全体 グループ	3 分 7 分 25 分
承	○グループ協議の結果を発表する（2 分 × 3 グループ） ・模造紙を提示する。 ・課題と解決策を発表者が決められた時間内で発表する。	全体	6 分
転	○授業課題についての自己の振り返り ・自分の授業についての課題，改善策を検討，言語化する。 ・グループ内や近くの人と分かち合い，考えの交流を行う。	個人 グループ	5 分
結	○分かち合い，まとめ ・明日からの自分の授業での改善点を全員が一言ずつ発表する。（研修振り返りとして提出するので，発表は時間が来たら打ち切る。）	全体 （個人）	4 分

（＊講師を招聘している場合はこの後で講評・助言を入れる）

ったとの反応が大半でした。その理由として，何を目指して議論を進めていけばよいのかが明確であった，明るい雰囲気の中でできたし全員参加型で教員同士の交流が活発であった，付箋を使うことでメンバーの意見が視覚的に見えて分かりやすく論点整理がしやすかった，などの意見が挙げられました。

　ただ，こうしたWS型の研修形式にまだ不慣れなことから，検討時間がもう少し欲しいとの意見もありましたが，この研修の目的の1つは，50分の授業の中で協同学習の考え方を取り入れた内容構成を「生徒」の立場として体感してもらうことにありました。50分の中にきちんと起承転結があり，終わった時に成就感や次への課題設定や，もっと学びたいという意欲を生徒に喚起させる授業とはどのようなものか，に気づくことが重要なのです。振り返りのアンケートの中には課題意識の芽生えとして，「同一グループ内での指導案検討の機会が事前にあるとよい」「話し合いを深めるために，次回は要の部分だけでもグループ内で模擬授業を実施して臨んだらどうだろうか」「付箋の活用から意見を絞り込んでまとめていく過程をもっとやりたい」等々，次に向けての提案もありました。

　この6月の研修を経て，研究推進部では11月の指導主事訪問日に行う研究授業の内容をさらに詰めていきました。今度は同一時間帯に2教科を予定していましたから，授業研究グループを2グループに分けました。

　グループを2つにしたことから構成員が授業者を入れて8名になり，担当教科のバラエティも増え，事前検討会や模擬授業をグループ内でいろいろ工夫を凝らしてやれるようになっていました。理科では実際の実験器具を使いながら理科室で模擬授業検討会を行っていましたし，社会では公民の授業場面に問題提起の事例として使うDVDをグループで制作して当日の授業に備えていました。

　研究授業後の校内研修会は今回も50分間のWS形式で実施し，6月の反省

表4-6　次回の研修にどう活かしたか―指導主事訪問での研究授業

時限	授業者	教　科	授業学級	授業研究グループ員（教科）
5限	E教諭	理　科	2年2組	理，数，国，国，体，体，英
	F教諭	社会科	3年1組	社，社，音，英，数，数，美

点で出ていたように，付箋に書き出された意見をどのような方法でまとめていくかを改善しようという動きが見られました。

　A中学校ではこの後，次の段階として拡大指導案を用いて授業の流れ全体を通しての協議を進めるところまでいきました。

B. 模擬授業の内容をさらに工夫する

　次に赴任したR中学校は，赴任当初から3か年計画で県の学力向上推進校の指定を受けており，地域の学力向上拠点校として授業改善や指導力向上への取り組みを研究実践し，地域の核となって先導することが求められていました。

　ただ，R中学校の校内研修会ではすでにグループ単位で模擬授業を行っていたこともあり，また初任者研修やフォローアップ研修（採用2年目，3年目），若手研，10年研等，職員数が多い分だけ校内で研修の機会が多くあり，それらをうまく校内での研修計画の一環に取り込んで活用することによって，初年度からすぐさま内容の濃い研修に挑戦することができました。その1つはそれまで行っていた模擬授業の内容をより有効なものにする工夫をしたことでした。

◆授業者・生徒役・観察役の役割を設定する

　8月の校内研修会で試みたのは，いつも授業者と生徒役で行っていた模擬授業にさらに工夫を加えて，その両者を観察してアドバイスを加えるための「観察役」を設定し，模擬授業の中に3者の役割グループを作りました。

　授業は3年の理科，エネルギーの単元で，生徒役には文系の教員を，観察役には理数系の教員を充てました。同じく推進校に指定されていた校区R小学校からも研究主任をはじめ2名が参加して一緒に研修を行いました。この試みのねらいは，さまざまな角度から授業を検討すること，いろいろなメンバーと協同できること，自分の授業に活かせることを見つけようとすることでした。模擬授業の後は生徒役チームと観察役チームに分かれて意見をまとめ，全体会ではそれぞれ

役割に分かれて付箋を整理

相手チームに伝える

のチームのまとめを相手チームへ伝えるという場面を設定しました。そうした校内研修会の様子を金沢大学から招聘した松原教授に見て頂いて，最後に講話と指導助言を受けるという形式を取りました。

5）学びや指導の連続性を追求する小・中連携

　A中学校では，義務教育の9か年を同じ仲間と共に学ぶという校区の特性をメリットととらえて，学びと指導の連続性を意識した実効性のある小・中連携を推進することで，子どもたちの学力向上を図る取り組みをしました。

　最初に行ったことは小学校の校長との構想づくりでした。両校の現状分析から両者の思いを述べ合い，研究の全体構想を確認して共通理解を図り，目指すゴールをどこに置くかを徹底して話し合いました。双方とも学校研究組織の中に「小・中連携推進部門」を設置し，「学習指導」「生徒指導」「特別支援教育」

小・中合同研修会

部会別研修会

「学校研究」の4つの部会で具体的な連携を推進していきました。とくに重点的に取り組んだのは以下のような点でした。

・教科の指導重点ポイントを押さえた9か年の系統表作成：国・社・算（数）・理・英に関して小・中の各学年で押さえておきたい重点ポイントの系統表を作成し，確実な定着を図ることを目標とする。

・小・中学校間での公開授業・研究授業・教職員合同研修会の開催：互いの学校への行き来に時間がかからないという立地を最大限に活かし，こまめな授業参観計画を立て，学校間の垣根を低くするように気を配る。同時に児童生徒の観察や理解にもつなげていくようにする。

こうした取り組みを通して小・中の授業研究交流が活発化したこと，その結果，9年間の義務教育を通した子どもの「学びの姿と質の向上」を課題として，両校種の教員たちで共有し，改善に向かおうとする基盤づくりができたことが大きな成果だと思います。ただ，こういう取り組みでは「継続性」という点でかなりの工夫と努力が必要だと思われます。

6) 向上を目指すエネルギー源としての指定研究

前述したように，私の中での学校研究のとらえ方は，学校や教職員個人の力をつけるための研究でありたい，さらに，学校力向上を担う牽引車となるようなシステムで取り組みたいということでした。そこに指定研究が重なれば，予算的にも質の高い研修を校内で組め，また外部への研修会に教職員を派遣することができます。教育委員会からの指導助言も受けられ，その成果を外に向けて発表する機会を得ることで，さらに多くの方面からの評価や指導を受けることができます。このことが教職員個人や学校としての力の向上に寄与しないはずはありません。指定研究を受諾することは決して煩わしいことではなく，逆にこれをエネルギー源として利用し，学校全体を活性化させることができるチャンスだと思います。

最後の赴任校になったR中学校で受けた研究は，3年間の指定でした。1年目は2回の授業公開が義務付けられており，2年目は中間年としての意味をもつ授業公開が求められていました。仕上げの研究発表会を開催する3年目には私自身は退職していることになりますが，3年後の目指すゴールでの生徒の

姿，教師の姿，学校の姿のイメージを初年度に提示して研究を推進してきました。そのゴールに向けて，在職中の計3回の公開の機会にはそれぞれ目的をもたせ，さらに1回ごとにステップアップさせた研究協議会を開催したいと思いました。校長としてのその思いと手法を教職員に伝え，逆算の構想により，順次さかのぼって研究計画を組んでいきました。この3回の公開の内容とねらいを紹介します。

①第1回授業公開─教科ごとの情報交換会

初年度の10月初旬，第1回目の授業公開を行いました。この日の授業では，各教科共通の視点を「生徒に根拠や筋道を明確に表現させる」とし，7教科の授業を公開しました。授業後は教科ごとの情報交換会，そして全体会という形式で開催しました。まずは基礎固めの段階での提案です。

②第2回授業公開─オープン型校内研修会の中でのWS型授業整理会

翌月の11月末には第2回授業公開を開催し，7教科の授業を公開しました。この日の各教科共通の視点は「効果的な学び合いで思考・判断を深める工夫」としました。公開した授業では外部からの参観者にもこの視点をもって授業観察をしてもらい，気づいたことは本校職員と同じように付箋を活用して評価作業をするようお願いしました。授業後は50分間のWS型授業整理会をし，一般参加者も参加可能なオープン型校内研修会の形を取りました。

私にはこの指定研究を通して，授業改善に対する教職員の意識改革と同時に，指導力向上に結び付く校内研修の在り方を追求したい，との思いがありました。そうして実践してきたことを本校からの提案という形で，公開時に発信することを目的としてもっていました。この日の公開は，初年度の仕上げとなる実践の提案をオープン型校内研修会として開催したものでした。校外参加者には市内だけでなく，県外からの参加者もWSに加わる姿が見られ，枠にとらわれない研修の在り方のひとつの形として提案できたと思っています。授業公開や有益な研修会を開催する際，近隣の学校に声を掛け合って共に研修をするということも今後は視野に入るというメッセージでもありました。

③研究発表会（中間発表）─授業公開・教科別授業協議会

2年目の11月には，3か年の研究の中間発表としての会を開催しました。6教科の公開授業を行い，その後は教科別授業協議会・全体会を実施しました。

2年目の各教科に共通した実践上の重点は「多面的・多角的に考察させる工夫」と「効果的な学び合いで思考・判断を深める工夫」でした。

　今回は，参観者には受付時に赤・青の付箋を添付した授業参観シートとクリップボードを手渡し，それをもって授業を参観し，後の協議に参加してもらうようにしました。この教科別協議も WS 型の研究協議とし，先の2つの重点について意見交換を進めました。協議の目標は授業の分析だけに留まらず，さらにその先の「授業の改善策まで考察・提示できる WS 型協議会」の有効性を確認することに置きました。教科の協議で出された改善策を後の全体会で伝え合うことによって，個々の教職員が自分の授業の振り返りに活用することを意図しました。

　このように明確な目標をもち，そこに向けて計画的な校内研修会を重ねることで実践が徐々にステップアップしていきます。教師自身が，「学び合い・認め合い・高め合える授業とは，生徒自身が学ぶ価値を実感し，成就感を感じることができる授業である」ことに気づいていき，各自の授業が変わっていきました。

(3) 学力向上を支える基盤づくり
1) 学年部会の活性化と学年間連携による方向性の確認

　私が校長を務めた3つの学校で共通する考えは，生徒の間に信頼できる人間関係を築いたうえで，そこから安心して学びに向かい，学び合い，そして学びを深化させるためのより良い生活習慣，学習習慣の確立をめざすことでした。また，積極的に社会にかかわることを通して未来への夢や希望を抱き，明確な目的意識をもつことで，学習への興味関心や学ぶ意欲を高めたいと考えていました。そのためには，学年経営が重要な意味をもってきます。なおかつ，学年の経営方針が学校のめざす方向性に沿いながら，生徒の成長段階に合わせて高まっていくためには，3学年間の連携が欠かせません。そのために，主任会議の中でも学年主任たちとの意見交換や確認作業は，重要な位置に置いていました。

A. 学習規律は全校で共有化

　授業規律や学びのルールが成立していることは，授業における基本だととら

授業のルールを全体の場で説明し共有化を図る

えていました。そこで，まず基礎・基本をまとめたものを全校集会のなかで提示し，1つずつ確認し合いながら生徒も教師も日々の授業を大切にしていく機会を必ずもつようにしたのです。このルールの作成にあたっては，研究推進委員会で原案を作成し，学年主任を交えた主任会議で精査した上で提示しました。

B．家庭学習の習慣化と学年に応じた内容の充実

　この項目についての指導の基本的なスタンスとして，まずは生徒自身の生活実態に目を向けさせ，生活のリズムの中に家庭学習をきちんと位置付けることを目標にしました。定期的にこの生活実態の見直しを図ることで，乱れの修正や気づきを促すようにします。この基本に沿ってそれぞれの学年で生徒の状態に応じた取り組みをしていました。いつも学習が身近にある状態にすること，目標や目的が明確であること，良い学びを参考にできる工夫があること，伸びの可視化のための掲示物で意欲喚起を促すこと，個に応じた指導やアドバイスを心がけること，定期的な評価と検証，家庭への情報公開で現状認識と協力の要請をすること，などが共通の申し合わせ事項でした。

C．社会への関心や将来への目標をもたせる工夫

　これに関しては，道徳・学活・総合的な学習の時間を中心に積極的かつ計画的に取り組みました。ここでも単一学年だけではなく，3か年を通しての大局的な方針の下で，学年間の系統性や目標を意識しながら計画することを基本としました。その中で生徒たちの心の成長や充実感・達成感が得られるように，学年経営や各担当者の立案，外部との交渉・連絡調整，チーム力，事後処理の仕方などの様子を見ながら，生徒の成長の確認と同時に教師集団の力量の向上を図ることが管理職の仕事だと思います。

2）学力向上とは

　学力向上は，そのことだけを図れば成果が上がるというものではなくて，「学びを獲得した子どもの姿」という確固たる目標を基盤に据えてこそ，実現すると思っています。そのためには，人間性豊かで指導力を備えた教師として，子どもたちに求められている力をつける授業や学級づくりを展開していかなくてはなりません。また，今，どのようなことが必要なのかに気づき，自己研鑽に努めるという教師自身の意識改革が必要です。その上で，学校経営方針に沿って学校が組織的に動き，各部署や個人の役割が果たされ，また絶えず評価と検証を怠ることなくチームとしてゴールをめざして進む。その結果として獲得される「学校力」が学力向上を導く一つの答えになると思います。

■ おわりに

（1）校長としての願い

1）学校生活の質を高める

　初めて校長の任に就いた時から私の根底にある願いは，生徒たちの学校生活の質の向上でした。それはとりもなおさず教師自身の質も問われることであり，最終的には校長としての経営能力が試されることでもあります。それをめざす中で自分自身に言い聞かせていたことがいくつかありました。

　①常にこれが今できるベストかを問う

　　問題意識が乏しく，検討の跡が見えないような前例踏襲主義的な提案は厳しくチェックしました。求めるレベルを確認し，本当にこれが今できるベストな提案なのかとよく提案者と向き合いました。

　②本物や質の高いものに出会わせる

　　授業，学年行事，学校行事，生徒会活動などでは，個や集団が活きる場面づくりや外部人材活用などの仕掛けを意図的に行いました。斬新な企画立案も可能なのだということや，そのために必要なネットワークをどのように構築したらいいかということも，私の教育委員会時代の経験を活かして助言していました。

　③挑戦することを恐れない

日々の学校生活の中で時にハードルの高い課題が与えられたり，難しい状況に追い込まれて立往生する場面があります。そんな時，市教委時代の4年間見続けた教育長の姿勢，3年間の教頭時代に見てきた校長の姿勢が自分の手本でした。どうしたら打開できるか，今，この状況でできる最善のことは何か知恵を絞ること，一人で抱え込まずこんな時こそチームで乗り切る，絶対にやり切る強い気持ちをもち続ける，できないところにこの仕事は来ないと考えを切り替えて，乗り越えてきたように思います。

④ 必要な校務改革はためらわない

教師の多忙化がよく問題視されましたが，そうであればやらないという選択も含めて，大胆な校務改革を断行すべきだというのが私の考え方でした。筆頭は会議システムの変革です。いろいろな状況下での意思決定と行動も校長に求められる大切なことですが，そのための判断は冷静沈着に，決断は早く，を心がけました。

(2) 人を育てる，共に育つ

1) リーダーシップとは

「リーダーシップ」とは「人を動かす力」なのだと思います。では，どんな時に人は動くのかといえば，それを行う価値や必要性を認めて，納得した場合です。授業や特別活動，部活動で素晴らしい指導をされる先生の授業や活動では，生徒たちは学習の意味を理解して自主的に動き，自身の質を高めてゴールに向かっていきます。メンバーの自主性をいかに高めるかがリーダーの主たる仕事なのです。リーダーこそが実はもっとも学ばなければなりません。やって見せる，やり方を教える，希望や願い・アイデアを伝える，一緒に知恵を出し合う，状況や人に応じてその時々で方法は変えてきましたが，人を育てるということは共に育つことだと思って，並走する視点をいつも忘れないようにしていました。

2) 出て行く時は入ってきた時以上に

自分の学校に勤務する先生，あるいは赴任してきた先生方に対してはできるだけ抱えている背景を理解しようと努めました。授業や学級経営で苦戦してい

ないか，健康状態に不安があるのではないか，家人が手のかかる状態におかれてはいないか。そうした見取りや相談に乗ることも大切にしていました。精神的に疲れている人には言葉かけや距離の取り方も吟味します。

　また，言うべき時にはきっぱりと言う潔さや厳しさも必要です。簡単なことではありませんが，教師，生徒，保護者，地域に愛情と使命感をもって臨むということも，上司であった人たちから学び取ったことです。預かった生徒や共に働く教師たちの育成に責任をもつ，それはこの学校から出ていく時には入ってきた時以上の成長や力量の向上が見られるように努めるということだと思っていました。

3) 教師こそが最良の教育環境たれ

　長い教員生活を振り返って改めて活躍中の先生方に伝えたいことは，教員としてのライフステージを考えて自分の未来設計図を描いて欲しい，ということです。良きロールモデルをもち，プロとしての意識と力量を確かなものにする努力を惜しまない。生徒理解や保護者理解の視点や愛情，勇気をもち，いくつになっても自分自身が学ぶことを怠らない。そして，何より豊かな人間性と教養を備えた大人として，子どもたちの前に立ってもらいたいと思います。

　小松市の全小・中学校の職員室には，金沢市出身の教育哲学者・吉田賢龍が揮毫した「教員信条」の扁額が掲げられています。まさしく教師こそが子どもたちにとっての最良の教育環境でありたいものだと思います。

教員信条

教職の尊厳に畏れよ
教化の源泉は自己にあり
広く愛と敬とに生きん

多面的な働きかけを通して教職員の協同を高める

石垣則昭

■ はじめに

　目指す学校づくりのために，校長がスクールリーダーとして取り組むべき最重要の課題は，教職員の協同をいかにつくりあげるかです。互いに十分な意思疎通ができ，一人ひとりの思いを理解し合える職場の人間関係づくりこそ，目標とする学校像への最短の道です。それは，教育力の高い組織づくりに必須の過程といえます。

　しかし昨今，保護者の学校に対する過剰な期待，学習意欲や学習内容の定着に課題をもつ児童・生徒の増加，生徒指導上の諸問題など，教師一人では対応しきれない困難に加えて，事務的な業務の多さも常態化し，学校は非常な多忙感を抱えています。

　実際に，近年，教職員の精神疾患による休職者が増加し，過重労働対策とともにメンタルヘルスの維持・増進が学校の大きな課題となっています。このような中，新たな活動を教職員に提案しても「忙しい，大変だ」「できるわけがない」など，職員会議では決まり文句のように否定的な意見が飛び交い，議論が頓挫してしまう経験は，校長であれば，誰もが経験していることと思います。

　新しく赴任した校長が，現状を改善しようとする際，前任校の手法を当てはめようとしても，それまでに積み上げられた独自の教育文化をもつ学校に，スムーズに受け入れられることは難しいのが実際です。教職員の気持ちを一つにまとめることは容易ではありません。校長にはまず，学校の実態の的確な把握が求められます。同時に校長が，願う学校の姿を見据えながら，教師集団に意図的に働きかけることによって，協同意識が芽生え，自覚され，学校の新たな組織文化として根付いていくものと考えます。

　本章は，多くの課題を抱えていた北海道登別市のH中学校に校長として赴任して，教職員と共にその解決に取り組み，期待を超える成果を上げた挑戦を

主な内容としています。

■ 1　H中学校の現状と課題

（1）スクールリーダーとしての教育観

　「子どもたちにとって，最大の教育環境は教師である」。私はこのことばを信条に，教育経営を進めてきました。最大の教育環境である教師自身の成長なくして，子どもたちの成長はないと考え，教師の学びを重視した学校づくりを行ってきました。実践にあたり心得としたのは，「凡事徹底」であり，日常の当たり前の活動を徹底してやり切ることが，地に足の付いた学校づくりへの道だと考えてきました。

　さらに，教職員が共通の課題意識をもって互いに支え合い，高め合う協同の文化づくりも欠かせないと考えてきました。教育活動を効果的に進めるためには，児童・生徒に対する全教職員の同一歩調による指導が求められます。教職員個々の認識の違いをそのままにしておくと，時間の経過や理解への温度差などにより，指導方針の共通理解が不徹底となり，風化してしまうことがあります。残念ながら，学校にはその不徹底の理由を子どもたちのせいにする傾向さえ見受けられます。望ましくない実態のほとんどは，子どもたちの側ではなく教師側の問題なのです。問題の責任を自分たちに問うことで，協同の視点も共有されます。問題を「子どもや保護者，地域のせいにしない教育」という視点が大事です。

　また，私は理由の伴う「朝令暮改」は大いに結構であると教職員に伝えてきました。学校は年度当初に決められた通りの教育活動を進めようとし，その変更には教職員の大きな抵抗が生じることがあります。しかし，子どもたちのためを考えるならば，当初の決めごとであっても，必要に応じて臨機応変に変えていくことを勧めました。もちろん，変更に際しては，教師の協同の手続きを欠かすことはできません。

（2）校長の発想を支える学問的背景

　管理職としての校長に求められる知識，理解，心構えだけでスクールリーダ

ーとしての力を発揮できるわけではありません。教育活動を方向づける教育観の形成に資する確かな学問的な背景をもつことも，スクールリーダーには必要になってきます。

　当初，私が学校経営にあたって課題と感じたことは，子どもたちのコミュニケーションの技能や対人関係の実態などに起因すると思われる諸問題でした。私自身の学びの中で，構成的グループ・エンカウンターやソーシャルスキル・トレーニング，ピア・サポートの有用性を理解していましたので，それらのプログラムを導入し，生徒に意図的に働きかけ，望ましい人間関係づくりを学校体制で積極的に図るよう教職員に働きかけました。その活動は主に特別活動の時間を使いましたが，さらに，学校の活動の中心である授業の改善も必要と考えました。授業の中で子どもたちが生き生きと活動してこそ，本来の学校の姿といえます。

　授業は協同学習の理論を取り入れて進める方針を立てました。充実した授業で学ぶことで満足感が得られ，自己存在感が高まります。また，互いに関わり合い，学び合うことは不登校やいじめなどの諸問題の解消にもつながると考えました。課題解決に共に向かう集団づくりという，協同学習の考え方を生かそうと考えたのです。

(3) 生徒や保護者，地域の実態

　登別市立H中学校は地域の中心校であり，かつては先進的な教育活動の発信を行ってきており，生徒の学力も高く，生徒指導上の問題は皆無でした。

　保護者や地域の人々の多くがこの中学校の卒業生であり，学校に誇りと愛着をもち，教育活動に対しても協力的でした。しかし，そういう環境にありながら，2005年ごろから落ち着きに欠ける生徒の様子が目立ち出し，さまざまな生徒指導上の問題が頻発するようになりました。2012年に私が赴任する前年には，職員室の窓ガラスが2度にわたって割られ，荒れの様子がマスコミで全国に報道されたこともあり，教職員は対応に苦慮していました。

　学力も低迷し，2007年に校区内に北海道立の中等学校が開校したことにより，2008年度にはH中学校入学予定者の65％がそちらを受験し，20％が合格，その結果入学者が減少し学級減にもなりました。その後も同様の状況が続いてい

ました。校区内の2校の小学校は北海道に名だたる教育実践校であり，学力も高く，保護者にとっては自慢の学校です。それだけに，校区の住民の当時のH中学校への批判には厳しいものがありました。

(4) 多忙化の中の教職員の姿

　H中学校では，特定の教職員数人が中心となって，生徒指導に奔走する毎日が続いていました。しかしその指導は，適切な生徒理解に基づくものとはいえず，高圧的で一方的な指導でした。学習面では教師主導の授業が中心で，生徒の学習意欲の低下や学力格差の拡大が明らかな問題となっていました。

　私が赴任後の4月中旬，生徒の全国学力調査の受験状況を見ようと3年生の3つのクラスへ行ってみると，テスト開始後20分ほどしか経っていないにもかかわらず，どの学級でも机に伏せて寝ている者が，3分の1近くもいました。担当の教職員もその光景に慣れているせいか，注意しようともしません。テスト終了後，担当の教師に聞くと「指導はしていますが，何度言っても注意を受け入れないので」「言うと反抗し授業が進まなくなるので」という返答でした。

　しかし一方，私が日課として繰り返し授業参観に出向いた折々に，自身の無力さを嘆きつつも「現状を改善したい」という教師の思いをしばしば耳にしていました。ただ，現状を改善したいと願っていても，どのような方針で，どう変えていくのがよいのか，そこが分かっておらず，見通しがもてないままだったのです。こうした思いの共有化を通して，協同体制で学校改善に挑戦するという課題意識を教職員の間に定着させること，そのような関門がH中学校のスクールリーダーとしての出発点にあるという理解に至りました。

■ 2　協同体制づくりの端緒と展開

(1) 協同づくりの第一歩―研修を予告する―

　赴任前の3月下旬に異動人事の発表がありました。私は，異動の命を受けたH中学校の実態は相当程度理解していましたので，改革に向けて早めのスタートを切ろうと決めていました。前任校長との業務の引き継ぎの後，教職員に対して4月1日に職員研修を全員の参加で行うことを告げ，「どのような学校を

築きたいのか」「そのために実践しなければならないことは何か」「その上での課題は何か」の3点を各自もち寄るようにと指示をしました。

(2) 春休み中に業務計画を見直す

　前任校長の了解のもと，3月下旬の春休み期間中に次年度の業務計画を見直すよう担当教員に依頼しました。

　業務計画の早期見直しの理由は，年度当初から学校の体制づくりを固めておきたいというところにあります。H中学校の慣例では，入学式終了後に年度計画会議を実施し，生徒が登校しているにもかかわらず，午後の授業を3日間カットしていました。新年度の準備業務はすべて春休み中に行うようにし，入学式以降は生徒と向き合う時間を保障するために事前にこれを実施すべきと，教頭を通じて全教職員に説明し，理解を求めました。

(3) 職員室，校長室の模様替え

　異動後，入学式前に職員室や校長室の執務環境を整えておくため，市教育委員会に物品購入と修復工事の要望を提出し，受理されました。職員室の模様替えは，黄色く変色したカーテンの取り換え，老朽化した天井ボードや床の張り替えでした。

　また，春休み期間中に，さまざまな物品が所狭しと無造作に置かれている職員室，事務室，職員更衣室内を"整美"するため，市清掃部局に依頼し，廃棄物の引き取りを手配しました。教職員には全員参加による一斉清掃を行う旨を伝えました。全教職員が参加し，手際よく一斉清掃を行うことができました。

　この活動は，整美への取り組みを通し教職員の協同意識を高めることを目的として行いました。教職員はきれいになった職員室などを見て，笑顔がこぼれ，「皆で取り組むのが楽しかった」「これから整理整頓を心がけようと思った」「すっきりした」などと話してくれました。

改装された校長室

校長室は，歴代校長やPTA会長の写真を新設した資料室へ移動するとともに，さまざまな掲示物や飾り棚を撤去し，本棚を3架増設しました。さらに応接ソファや椅子を別室へ移動し，協議用のテーブルと椅子に入れ替えました。

私はかねがね，校長室は来客や校長の執務や休憩のためだけにあるのではない，と考えていました。校長室を開放し，比較的少人数の学年部会，分掌部会などを校長室で日常的に協議できるよう，レイアウトを変更し，機能的な校長室に変えたのです。

（4）校務会議の整理・統合と進め方の合理化

学校には，「組織ありて，活動なし」といわれるように，機能していない形骸化した組織が存在しています。その結果，「組織があるのだから会議をし，活動しなければならない」という本末転倒した状況が見られ，職員の多忙感につながっています。私は，学校の実情や組織の性格から考え，9つあった校務会議を整理統合して5つとしました。

なお，会議は個人的な感傷や感情を発露する場ではなく，出された提案をいたずらに否定する場でもありません。また特定の教職員だけの発言の場でもありません。教職員全員の参加に基づく総意により，子どもたちのためのより良い教育活動を検討する場です。私は，効率よく円滑に会議を進めるため，会議の意義やルールの必要性を説明し，「会議の心得」を定めました。

〈会議の心得〉
①会議は理性的判断で進められ，感情の発露の場ではない
②当事者意識をもって会議に臨む
③会議は誰でも発言できる公平な場である
④結論を先に述べ，その根拠や理由は無駄なく後で述べる
⑤提案者の発言に口を挟むことなく最後まで聞き，自分の考えをもつ
⑥提案者の考えを否定するのではなく，肯定的にとらえる

この心得を踏まえた合理的な会議の進め方について紹介しましょう。

年度末の反省会議や新年度の計画会議では，会議に先立って開かれる各学年

や分掌での協議に際して，予め反省会議や計画会議の進め方について説明し，効率よく意見交換をするための準備をしておきます。

年度末の反省会議では次年度に向けての改善点を明確にし，どの箇所をどのように改善するべきか協議し，次年度の方向性を全体会議に具体的に提示できるようにしました。

教師間の活発な意見交換

また新年度の計画会議では，反省会議の内容を踏まえ，学校が向かう教育のグランドデザインを具体化するため，担当者が一人ずつ前へ出て改善点を説明し，質問や意見を受けることにしました。

着任早々の4月当初から，会議の進め方，さらに職場づくりの重要性をことあるごとに説いていましたので，教職員の間には効率的に会議が進む文化がつくられていきました。

(5) 地域との協同づくり

地域との協同は，地域に根ざした教育を進めるためにも重要な課題です。しかし漫然と待っていても地域との協同は進展しません。まず校長自らが出向き，積極的に地域との対話を進め，住民との輪を作り上げていくことで，学校と地域との協同づくりの足がかりができていきます。

赴任当初より，私は，地域と学校のウィン・ウィンの関係づくりを目指して，校区自治会会議，地域懇談会，老人クラブや婦人会などへ出向き，たとえ苦言などであっても，それを学校への期待だと理解し，積極的に耳を傾けるようにしました。地域にとっても，顔の見える学校は協力関係を築きやすいとの意見をいただき，それ以降，さまざまな機会や場で地域と協同で教育活動を進めることができました。

具体的な活動を挙げると，生徒会が中心となって参加した，地域・保護者・校区小学校との地域合同避難訓練，卒業を控えた3年生へ婦人クラブの皆さんによるお茶会の開催，空き教室を利用した老人クラブの皆さんとの囲碁将棋交流，クラフトづくりの達人の作品の学校への展示，生徒による老人宅への訪問，

冬季の雪はね（除雪）ボランティアなどがあります。

　地域の各会合へは，当初は校長一人で出向きましたが，教職員も地域との協同の意義を理解し，自らの課題として地域と共に取り組むことができるようになるために，機会あるたびに教頭，教務主任はもちろん，一般の教職員にも一緒に行動するように声かけをしました。当初聞かれた「勤務時間外だ」というような反応は，地域との協同経験の中で皆無となり，笑顔で参加する姿へと変わっていきました。学校から外に出ていくこういった活動が，地域と教職員の親和的な関係をつくっていき，さまざまな活動を円滑に進めることができる協力関係へとつながっていきました。

■3　研修体制の推進に踏み込む

(1) 課題共有化のための校内研修会とグランドデザイン

　着任初日の4月1日，新たな学校づくりのためのビジョンを共に練り上げ，共有化するため，3月下旬に提示した3つの課題への答を全教職員がもち寄り，KJ法を活用した学校づくり研修会を行いました。最初の会議でもあり，私が司会・進行を務めました。そこでは，発言の機会が公平に与えられること，肯定的な人間関係づくりの足がかりとすること，の2つを留意点として進めていきたいと皆に伝えました。

　研修会のはじめには，緊張を解き相互交流を促進させるためのアイスブレークを行い，全員が，「どのような学校を築きたいのか」「そのため実践しなければならないのは何か」「その上での課題は何か」を語り，率直に意見を交わしました。

　研修は4時間余りに及び，終了後の振り返りの場面では，「研修や職員会議で初めて本音が言えた。自分が悩んでいたことや考えていたことと同じようなことを，皆も感じていることが理解できた」といった趣旨の感想が多く聞かれました。

私は，学校ビジョンが我がこととして教職員に浸透するよう，このような共有化の手続きの中で出された意見を構造化し，年度ごとのグランドデザインとして皆に提示しました。2015年度のグランドデザインを参考のために示します。

　教師の協同を高める手続きは，学校の実情によって異なりますが，スクールリーダーが最も重視しなければならないのは，活動を可視化しながら改善の道

平成27年度　H中学校　グランドデザイン

学校教育目標
- 体が丈夫で，進んで働く人
- 豊かな心で新しいものを生み出せる人
- 互いに信じ合い，みんなの役に立つ人
- はきはきと行動し，最後までやりぬく人
- 心のこもった言葉使いや行いのできる人

望ましい人間関係を築き，確かな学力を身に付けさせることができる学校

地　域	学　校	家　庭
・安心安全を育む活動の充実 ・地域ボランティア活動の進展 ・地域人材の発展と教材化	・ソーシャルコミュニケーション活動の深化 ・協同し主体的学びを築く授業作り ・生徒活動活性化のための支援	・家庭学習ノートの定着 ・PTA活動の活性化 ・親子のふれあい活動の実践
コミュニティ・スクールの充実と発展	生徒の学びを大切にした授業作り	子どもと一体感のある家庭つくり

協同学習で主体的学びを深め，コミュニティ・スクール，土曜授業で確かな人間力を高める学校

特別活動	教科指導	道徳指導
〈学級の互恵活動を高める活動の充実〉 ・クラス会議の定例化 ・いきいきなかよしタイムの充実 ・感動ある行事への取組	〈個々の学力を高める指導の充実〉 ・「めあてとまとめ」による学習指導の充実 ・協同学習による論理的思考の育成 ・学習ルールの徹底 ・読書活動の充実	〈命を大切にする教育の充実〉 ・道徳の時間の充実 ・外部関係者による講話会の実施 ・道徳教育の充実

生徒活動	生徒指導・保健安全	総　合
〈生徒活動の活性化を発展〉 ・生徒会による集会の充実 ・あいさつ運動の充実 ・生徒の手による集会の充実と発展 ・あいさつ運動の充実と発展	〈望ましい人間関係づくりの充実〉 ・集団の規律やルールの遵守 ・ピアサポート活動の充実と発展 ・性・薬物など健康安全指導の充実 ・自己実現をめざすためのガイダンス教育の充実	〈地域を生かした教育活動の充実〉 ・地域の特性を生かした英語学習の推進 ・地域ボランティア活動の推進と充実 ・防災活動の充実と発展 ・キャリア教育の実践

ソーシャルコミュニケーションを身に付け，互いに高めようと努める学校

ピア・サポートに取り組む生徒達

筋を示すことです。改善手続きの共有化の工夫を軽視しては，達成のための方策が一部の教職員だけの理解に留まり，単なるセレモニーとなり，絵に描いた餅となってしまいます。

グランドデザインは学校教育目標の具現化を図ることを基本に，生徒の実態や，そこを出発点とする「願う生徒像」を明らかにし，年度の重点としてH中学校が進む方向を示したものです。教職員が共通理解するばかりでなく，生徒や保護者，地域にも，学校説明会の資料として用い，学校が進めようとしている教育への理解を求めました。

　グランドデザインは，課題を解決し，より良い学校を作るための指針です。教職員の総力で目標に向けた挑戦を重ねました。たとえば，私の着任2年目には，望ましい人間関係づくりの充実を図るため，ピア・サポート活動に，特別活動の年間35時間中12時間を配当しました。前年度の倍の時間配当です。教科指導のさらなる改善を図るために，前年度に引き続き，協同学習の実践のため，秋に北海道全道規模の研究発表を開催すること，さらに全教職員が年間2回協同学習の指導案を作成し授業検討を行うなど，実質的な具体策をそれぞれの指針に応じて立てていき，実行したのです。

　さらに私は，グランドデザインは，一人ひとりの教師の問題意識や具体的実践がどこに位置づくものなのかを自覚するためのものであること，さらに次のステップにつながる問題意識を発展させ，それが学校全体を改善に導くものだという趣旨を伝え，ことあるごとにこのデザインの作成と活用の意義を説きました。作成したグランドデザインは，校内に掲示するとともに教職員一人ひとりの手元に置くようしました。

(2) グランドデザインに対応した実践計画の立案

　教職員の協同づくりをねらいとした最初の研修会が終了した後，グランドデザイン（学校ビジョン）に掲載された項目にしたがって，学年や校務分掌の計画を作成するようにしました。しかし，学年や分掌の活動といった具体的な項目づくりにとらわれ，学校のビジョンとの整合性がおろそかにならないよう留意する必要があります。そのため，適切に運用することよりも作成することを目的としてきた，これまでの学校の体質を変えることが必要でした。

　実際，目指す学校像，さらに学年や分掌の経営方針が，年度当初に提示されていたとしても，全教職員が一年間を通してそれを意識し実践できた学校はどのくらいあるのでしょう。成果の検証もなされず，形骸化してしまっている実態が多いのではないでしょうか。

　各校がそうした事態に陥っている理由の多くは，学校ビジョン作成の手続きにあります。たとえば，教職員の参加が不十分なままで作成すれば，当事者意識が欠けるのは当然です。私は"我がこと"意識をもたせるため，学校ビジョンの作成段階から，学年や学習指導，生徒指導，生徒会，保健体育などの各分掌や学年組織が責任主体となって，目指す内容を学期ごとに具体的に作成するように指示しました。さらに，学期末に各組織に達成度合いを検証するようにしました。そこでは，問題意識を共有した教職員の協同という声かけを一貫させることにも努めました。関与を高め，合理的な手続きを工夫することにより，目指す学校像の共有化がなされ，課題解決に向かう教職員の協同意識を高めることができたと感じています。

■4　スクールリーダーによる教職員への指導

(1) 授業参観への構え

　私は，時間の許す限り授業参観に出向きました。終了後，参観した授業の教師から「今日の授業どうでしたか？」と聞かれますが，授業者に敬意を払う意味でも，また校長に授業を参観してもらうことが自分のためになるという思いをもたせるためにも，授業の問題点よりもまずは良い点を評価し，問題点に関しては「～すると，もっとよくなるね」など肯定的に助言するようにしました。

授業に課題が見られても否定的な意見ばかり伝えていたのでは，教員の授業への改善意欲は高まらず，校長の助言に耳を傾けなくなります。

(2) 校長への相談と対応

コミュニケーションは聞く側が納得してこそ意味があるはずなのですが，一般に，校長職にある人は，教職員の話を聞くより，説諭，説教などの形で一方的に話をする傾向があります。

まず相談内容を相手の立場に立って傾聴し，聴いてもらうというだけで満足しているのか，解決を求めているのか，判断に迷いがあるのかなどを聞き分け，校長の満足で話を終えるのではなく，安心や信頼を獲得しながら相談に来た側の満足で終わるようにしてきました。

教職員が抱える課題や失敗に対しての指導は，感情的に追及することなく，未来志向で対話することを基本に置きました。教育活動に課題を抱え，うまくいかない教職員に，うまくいかないことや失敗した過去を掘り返しても，本人の改善には到らないばかりか，できない自分に劣等感を覚えメンタル面を損ねてしまうこともあります。重要なのは改善策を共に考えることです。相談してくれたことへのお礼を言い，何があったか冷静に聞きながら，今後どのようにすることがよいのか，来談した教師の立場に立って一緒に検討するようにしました。

授業の悩みであれば，その教師の授業を参観し，自らの課題解決に向かう挑戦を評価しながら，さらなる改善点を話し合います。そして，それを実際の授業改善に生かすことができるか否かを視点として共有し，次の授業実践と参観に臨むとともに，最後に励ましと勇気づけを行うようにしました。

学校の危機管理上緊急を要する問題は，当該の教職員の誤りをいたずらに追及せず，校長のリーダーシップのもとに生徒の安全確保を第一に，即座に対応しました。その教職員とは，一通りの対応が終了した後，理解と納得に重点を置いて，

〈つまずいた教員との対話例〉
①何がありましたか
②どう対処しましたか
③課題は何ですか
④課題をどう対処しますか
⑤その考えで進めてください
⑥私と一緒に解決を図りましょう

失敗の受け止め方と今後の生かし方について意見交換をしました。

(3) 相談しやすいスクールリーダーをめざして

　民間企業に比べ，学校の教職員は職場のリーダーである校長に悩みや不安を相談する割合がきわめて低いといわれています。その理由として挙げられているのは，「忙しそうだ」「相談しづらい」などです。私は，新任校長の研修会の講師になった折，校長室に閉じこもるのではなく顔の見える校長になってくださいと，次のような内容を繰り返し問うようにしました。

　それは「今日の生徒の欠席者は何人で，どのような理由によることか知っているか」「一日に最低 2 回は保健室に出向き，養護教諭から生徒の様子についての情報を得ているか」「それぞれの学級の様子を把握しているか」などです。

　校長の中には「教頭に任せているので」などと言う人もいますが，私は他人任せにするのではなく，自分の目で見て理解しておくことが相談しやすさにつながり，危機管理上重要であると考えています。また校長室を出て，気軽に教師と談笑することも必要です。職員室内の雰囲気を融和させ，相談のしやすいスクールリーダーとして受け止められ，教職員の協同の足がかりになるべきだと考えるのです。

(4) かかわりに難しさを感じる教職員との関係づくり

　生徒のための学校づくりに取り組もうとすると，抵抗勢力ともいえる教職員が反対のための反対だと思いたくなる非建設的な意見を述べ，会議が頓挫することがあります。このような教職員と校長が感情的に対立すると，職員室内が二分化し，教職員の協同は進みません。

　H 校に長年勤務している教職員にとってみれば，新しい校長の赴任は黒船来航に近い感情がわくものです。たとえ教職員の協同づくりであっても，新参者の校長に学校づくりの主導権を握られるのは，自分たちが否定されているように感じるのかも知れません。

　こう考えれば，教職員から異論が出るのは当然であり，想定内と理解し対応しました。私は前校長や教頭から，個々の教職員の教育活動の実態を聞くだけでなく，教職員個々の良さや課題を詳細に聞き，あわせて実際に接する中でそ

の教職員に対する理解を修正しながら，事前に対処や対応を想定し，会議などに臨みました。そうすることで余裕をもって相手の言いたい真意を聴くことができました。また日頃より，心配な課題を抱えている教職員とは教育談義を繰り返しもち，その人の過去の教育活動の成果や，その人が努力を重ねてきたことを肯定的に聴き，現在校の課題を共有し，改善への協力者となるよう膝談義を重ねました。そういった対応をすることで，強力な支援者として活躍してくれる教職員も次第に増えていきました。

■ 5　協同を促すコミュニケーションの機会をつくる

　学校は，保護者対応や求められる報告書の作成などの不慣れな業務量の増加に加えて，生徒指導上の課題なども多様化し，教職員個々人の知識や経験だけでは対応できないことが増えてきています。

　このような実情の中で，生徒への対人援助を仕事とする教師は，自身の行動が適切であるかどうかの迷いや不安を抱えながら対応しているのが実態です。また職務としてプライバシーにかかわる問題を扱うことも多く，他の教師と相談しにくい内容などは個人で抱えることになり，結果的に相互の関係性が希薄になることもなくはありません。一般に職場内のコミュニケーションが十分な教師は，メンタル面を損ねることも少なく，協同的に業務を進めることができます。このことを踏まえ，教職員の同僚性を高めるために，より良い教師になろうという共通の意思に沿った課題解決志向的な活動，すなわち研修の充実という手法を選択しました。

(1) 協同を育む校内研修会

　校内研修は，教育実践にかかわる手段・方法を「教えてもらう」機会ではありません。それは教育活動を進めていくうえで，主体的に新しい知識を個として学び取り，仲間と学び合いながら自らの教育観と教育技能を向上させる機会です。私は「教師の学びなくして生徒の成長はない」との信念に立ち，年間15回の研修会を提案し，それを進めるにあたっては協同学習の一技法である「ラウンドロビン」などを取り入れたワークショップ形式によって，教職員一人ひ

とりの関与度が高まるような研修会を計画しました。

当初，教職員からは研修会の回数が多過ぎると反対意見が出されましたが，研修会を重ねるごとに参加意欲が高まり，最終的には教師自ら研修の機会を設定し，自主的に研修会を開催するまでになっていきました。

また，初年度より授業づくりの基盤として協同学習を導入しようと考え，教職員全員が『協同学習入門—基本の理解と51の工夫』（杉江，2011）を購入し，その内容の検討会を繰り返し行い，年度の学習指導改善の重点として授業交流を進めました。

その結果，目に見えて授業力が向上し，生徒が主体的，協同的に，課題解決を目指し真剣に学び合う授業が大幅に増えました。さらに校内の荒れも治まり，翌年の全国学力調査の結果では，各テストとも全国の平均値をはるかに超え，全国でもかなり上位に位置するという結果が得られました。このことから，生徒の学習意欲を引き出すための理念と方法を全教職員で共有することの大切さを実感しました。

(2) 校内研修の高まりと支え

学校では，目先の教育指導に忙殺され，研修が厄介者扱いされてしまうことがあります。私は，部活動を含めたあらゆる教育活動について「教職員の力量以上に子どもが成長することはない」と考えています。だからこそ，力量を高めることは教職員の使命であり，それが求められているのです。その教師力を高める機会こそ研修であるとして，校内研修の意義を説明し，教育活動に必要で役立つ実践研究として行うことを学校内で提案しました。さらに，研修は年度当初に全職員で共有化を図った"願う生徒像"の達成のためにあるのであり，全員の参加で行ってこそ，その意義があるのだと，繰り返し説明しました。

そして，研修会の充実を図るためには，発表担当者だけに任せるのではなく，各学年，各教科の関係教師とともに進め方や内容を事前協議する場を設けてもらい

研究授業のようす

ました。校長も必要に応じてアドバイスを行うとともに，協議を円滑化する役割を担いました。

　その結果，H中学校では教職員が研修に意欲的に取り組むようになり，その構えも加速度的に活発化していったのですが，何がその原動力だったのでしょうか。振り返ってみると，生徒の授業態度の改善，部活動の活性化，生徒指導上の問題の減少など，日々，好転していく生徒の様子を目の当たりにしたことだと思うのです。

　ただ，本当に生徒が変わる内容の研修でなければ，こういった高まりは生まれにくいともいえます。研修の視点として，グランドデザインにも示されている協同学習の理論を組み込んだこと，ピア・サポート等の学級の人間関係改善の実践に取り組んだことが，教師の授業の図式を転換させ，子どもの望む指導につながったのだと考えられます。

　当初，時間を割いて部活動を熱心に指導する教師からは，年間15回という研修回数に抵抗の声が上がりました。しかし研修で得たことを生かして部活動の指導方法を変えたことで，意欲的に部活動に参加する生徒が増え，各種競技会でも上位入賞するようになり，そういう事実を通して改めて研修の必要性を見いだすことができた，と話してくれました。

　研修を通じて学び合い，課題を共有し，互いに援助し合う関係づくりが構築されたことにより，職場の協同が進んでいきました。研修担当から「明日，計画にはありませんが，臨時の研修を行いますのでよろしくお願いします」と告げられ，校長としては，逆に余り無理しないようにとブレーキをかけることもありました。

　教育委員会や教育事務所には，教職員の意識改革と授業力向上のための協力を繰り返し要請し，全教職員に年1回ずつ，北海道教育研修センターなどの校外研修に出向く機会を与えてもらい，自信につながる体験を増やすことができました。

　さらに，初任者研修会や生徒指導研修会などの講師として，在籍する適任の教職員を活用するよう教育事務所に提案し，講師依頼を受けた教員には資料作成から講義の進め方などノウハウを含めて助言しました。講師としての研修を終えた後，満足しきった顔で職場に戻り，それをきっかけに自らも新しい課題

を設定して教育活動を進めようとしている姿が，随所に見られるようになりました。

(3) 日常的な情報交換で協同を高める

　放課後，または部活動指導後の時間は教師にとっては貴重ですが，折にふれて私から声を掛け，1人または数人と教育談義を交わしました。内容は主に学校づくりのための教職員の協同や，校長の学校経営に対する意見，また実践に際して気になっていること，試みていることなどです。この談義を通して教師の協同を進めるための実行可能な多くの意見を収集できました。

　また教職員から出されたアイデアを教職員全員で前向きに検討し，貢献をたたえる機会を作ったり，互いに理解を深め合う機会として"ケア・カフェ"を設けたり，教師間の関係に修復や癒しが必要なときは，校長が積極的に傾聴し，メディエーション（調停）の手法により解消するなど，教職員の関係性の適正化を図るようしました。

　さらに，教職員が本音を語り認め合うことのできる関係づくりのため，職員朝会では，「皆さん知っていますか？　○○先生は自ら職員玄関の清掃をしてくれました。この行為は，できるようでできない素晴らしい行為です。○○先生ありがとうございました」というように，日常，教職員の目についた小さな善行などを全体に披露するようにし，職場の協同づくりに必要な肯定的相互依存関係を高める機会としました。また教職員全員がお互いに心を開き，他の人の理解を深めることを目的とした活動として，「自分史を語る」「今自分が取り組んでいること」「自分が願っていること」などのテーマについて，日ごろは比較的交流が少ない4人から6人位のグループで，1人2分から3分程度の持ち時間で発表し合うという活動も試みました。その折，グループのメンバーは発表者の意見を最後まで肯定的に傾聴し否定しない，ひと通り発表が終了した後，質問，意見コーナーを設け，発表者が勇気づけられるような「その考えで頑張ってほしい」「私も協力するよ」などの言葉を交わす，というルールを校長から提案しました。

　また，「○○先生ありがとう」と題して，○○先生に助けてもらったこと，お世話を頂いたこと，見習いたいところなど，普段は言いそびれていたことを発

表するグループセッションも試みました。その方法ですが，学年や分掌単位で，6人程度のグループを組みます。メンバーは車座になり，最初に発言する人は左側に座っている教職員のことを「〇〇先生ありがとう」と題してその教職員に対する思いをメンバーに紹介し，次に紹介された教職員が同じく左側に座っている教職員に「〇〇先生ありがとう」と，紹介を回していきます。

「私の失敗」を語る研修は，お互いに胸襟を開き合う機会として有効だった印象です。校長，事務長，教頭や年配の教職員から「私の失敗」を開陳していくと，若い教職員が語りやすくなり，互いに心を開き融和的な雰囲気ができていきました。進め方は，車座になり，順に一人5分程度のもち時間で話しますが，話題は発言者自身が発表後に「言わない方が良かった」などと思うことのない程度の内容とします。終了後は，グループのメンバー全員が一言ずつ，「大変勉強になりました」「〇〇先生からこの話を聞けて嬉しく思いました」など肯定的な感想を述べるようにします。

(4) コミュニケーション・サポート

表 5-1 に示したコミュニケーション・サポートの診断項目は，教職員が互いの協同性を振り返り見直す資料として考案しました。私自身が研修会の講師として招聘された折に活用していたのですが，校内でも学期終わりの研修会などで用いました。

これは，単に質問項目に対して自己評価を行うというだけでなく，グループの中で各自の評定を示しながら気付きを交換し，内容に応じた励ましや承認などの交流を行うという形で活用しました。職員室の協同を見直し高める手段として利用したのです。

(5) 保護者との協同を築く学校だより

学校の教育方針を伝えることによって保護者との協同的関係を築くために，学校だよりに，誰もが読みたくなり保護者の子育てに役立つ「親業シリーズ」を連載することとしました。当初教職員の一部より，直截的なメッセージを含む内容であることで保護者がどう受け取るか心配だ，との意見を出されましたが，結果的に多くの保護者から賛同の言葉が寄せられるとともに，他校のPTA

表 5-1 職場の協力性を高めるコミュニケーション・サポート

分野	質　　問	○△×
寄り添い	落ち込んでいるときは，励ましている	
寄り添い	個人的な心配や悩みにも親身に話を聞いている	
寄り添い	嬉しいことがあったときは，一緒に喜んでいる	
寄り添い	仕事以外の雑談でも気軽にしている	
温かく見守り	忙しい時は手伝っている	
温かく見守り	いつも同僚を見守るようにしている	
温かく見守り	普段から機会あるごとに声をかけている	
温かく見守り	作業で忙しいときは，周囲にも手伝うよう声をかけている	
みんな一緒に	緊急問題が発生しても落ち着いて対応している	
みんな一緒に	課題解決のために専門的知識を提供している	
みんな一緒に	困難な案件でも積極的に解決法を見出すようにしている	
みんな一緒に	情報は独り占めせず周囲にも知らせている	
認め励まし	同僚の仕事ぶりを正しく認めている	
認め励まし	意見が合わない時も最後までしっかり聞いている	
認め励まし	仕事がうまくいかない時，具体的アドバイスをしている	
認め励まし	同僚の頑張りを認め励ましている	

研修会の資料として採用されたり，さらには地方新聞の教育コラムに取り上げられたりしました。一例を掲げます。

学校だより　親業シリーズ
「スカートが短いぐらいで……」という親の姿勢が

校長　石垣　則昭

　「スカートが短いぐらいで」「学校にスマホをもち込んだぐらいで」などなど，親の本音ともいえるお話を直接聞くことがあります。私は親の「……ぐらいで」で済まない事例を多く目にしているだけに，このような保護者の認識に不安を感じてしまいます。

青少年の規範意識の乱れの原因の一つに

　近年，青少年の規範意識の乱れが，マナーやルールを含め大きな社会問題となっています。

　皆で生活をする上で必要なルールを守ろうとする意識が低下し，その結果，道徳心やモラルの低下につながり，最近の犯罪の一因になっているとも言われています。またその根本原因の一つに「……ぐらいで」という，保護者のあいまいな子育ての姿勢があるとも言われています。

　最近は変に物わかりがよい大人が増え，物事の善し悪しをしっかり教えることよりも，子どもに嫌われたくないためなのか，子どもに迎合する姿が多いと指摘されています。

　重大な犯罪を引き起こしてしまった青少年の統計白書を見てみると，つまずきの第一歩は校則違反からといわれています。たびたび注意しても違反行為を繰り返し，やがては教師や親にも反抗的な態度を取り，心配な交遊関係をもち，その仲間から誘われるままに問題行動を起こしてしまい，重大な犯罪に巻き込まれることが見られます。

　もちろん，校則違反をしてしまう生徒すべてがそうなるとはいえませんが，大なり小なり，勝手な解釈によって心配な様子が増えることは間違いありません。親や大人の安易さが，子どもの心配な行動を助長させているのです。

きまりを守ることの意味は

　世界中どこの国に行っても法律があり，どこの国の学校でもきまりがあります。このきまりの意味は二つあります。一つは「自分や他人が快適に暮らし互いの安全を守る」，さらに「きまりを守ろうとする態度を育てる」ことです。

　人間は集団で生活を営んでいます。しかしきまりを破り秩序を乱してしまうのは，人に嫌な思いを与え，迷惑をかけることになります。安定した生活を送るために，きまりは集団で生活をする以上必要なのです。さらに，将来よき社会人として生活をするためには，約束事やきまりを守ろうとする態度を育てることが求められます。

　そのような意味できまりを守ることは，心配な行動を防止するばかりではなく，人として生きる上で大切であることは理解いただけると考えています。「……ぐらいで」という子どもへの接し方は，場合によって子どもの将来を揺るがせてしまう危険性があることを，ご理解頂ければと思います。

■6　教師の協同を高める生徒指導

　学校は毎日が緊急事態の連続です。生徒指導上の問題への対応は，教師であれば否が応でも経験しなければなりません。生徒の自己実現を図るための前向きな生徒指導はともかくとして，子どもの問題行動，さらに保護者の対応には苦慮することが多くあります。

　そうした際，どのような方針で，対応すべきなのかを校長が教職員に明示しなくては，個々が思い思いに対応することとなり，かえって学校態勢での教育活動の支障となってしまいます。私は，生徒指導は校長のリーダーシップのもと，全員の協同で推進すべきであると考えてきました。次に示したのは，教師相互の生徒指導上の共通意識を醸成するために私が作成した資料の抜粋です。

生徒指導の視座

　　　　　　　　　　　　　　　　　　　　　　校長　石垣　則昭

(1) 生徒や保護者の様子

　生徒指導の対応でもよくあるように，「そのくらいで，どうして」という生徒や保護者の壁に当たります。問題行動の指導には，物事の善悪へ理解が乏しく，なぜそのことが良くないか，他の生徒にどんな迷惑をかけているのかを説かなければならないことがよくあります。また問題行動を繰り返す生徒やその保護者ほど，ことの重大さの認識に欠ける発言を繰り返すことがあり，時には教師に暴言を吐くこともあります。

　私はこの現象は，何が何でもわが子を守りたいという保護者の気持ちの現れと思いますが，見方を変えると，親が身に付けている依存の体質から生じるものであり，この状況は今後ますます増加するのではないかと考えています。

(2) 従来の学校の対応

　立ち止まって考えてみると，我々教職員も「その様な問題を起こしても，生徒のためだから」と教育的措置の名目で，「今回だけは，許す」などの対応がなされることがありますが，本当に子どもたちのためになっているのでしょうか。むしろ生徒や保護者の依存の増幅につながり，子どもたちの問題行動を誘発しているのではないだろうかと感じるのは，私だけではないはずです。

今の子どもたちを育てるため，一時的な批判はあるにしても，毅然とした対応がこれからの学校には求められているように感じています。

(3) 愛情に裏打ちされた毅然とした生徒指導

毅然とした対応と言っても，何時でも叱りつける，威圧するなどの力で押しつけるような指導ではありません。生徒理解を前提とするかかわりが大切です。

教職員の力を誇示するかのような対応は，生徒の恨みを買い，教師の見ていないところで問題行動が横行することになります。毅然とした対応とは，生徒の未来を案じ「ダメなことはダメ」とし，見て見ないふりはしない対応のことを言います。しかし，今更「そうは言ってもね」というつぶやきが聞こえそうですが，本来子どもたちは，さまざまな失敗を繰り返しながら成長します。

私たち大人は，その度に正しい方向に導く責任と役目を担っています。逃げ腰ではなく全教職員が協同して本気で関わることにより，過ちに気づき，規範意識や自制心を形成させていくものと思います。このような意味で，毅然とは，教師の真剣さに裏打ちされたものです。

子どもを育てるための真の愛情は，大人の厳しい姿勢があってこそ成り立ちます。もちろん，その前提には子ども達の心を大切にしながら，温かく関わる教師の存在が必要であり，一人で抱えることなく，教職員の組織力で対応することを前提とするのが，本来の生徒指導の在り方であると理解しています。

■ 7 学校はどう変わったのか

私自身の教員生活を振り返ると，生徒指導の課題校，学力不振校などで多く勤務してきたことから，改善・改革のための実態の理解と解決に向かう実践を学ぶことができ，その中で教師の協同がいかに大切か身をもって体験することができました。

危機的な課題を抱えている学校の教職員ほど，改善意欲が潜在的に高く，校長が協同的な改善の方向性を示しそれが理解されると，一致して教育改善に邁進していく傾向があります。学校によっては，経験豊かでスペシャルな力量をもつと言われている教師に，生徒指導や学力向上の牽引を委ねることがあるか

も知れませんが，それでは教師集団は育ちません。そうした対応では，組織の活動として限界があります。

　職場での認め合う人間関係づくりを基調に，高め合いを志向する同僚性を築くことが学校経営上の肝といえます。私は経験上，それを教頭や一部の教師任せにしたのでは達成は難しいと考えています。スクールリーダーが熱意をもって経営の方針を教職員全員に伝え自ら動くこと，さらに，さまざまな教育活動を教職員相互が高め合う機会としてとらえ直し，実践し，検証を繰り返していくことによって，教師の協同は築かれます。

　教師の協同づくりの方策は学校の事情によりさまざまですが，リーダーとしての校長の姿勢が非常に大事です。もっともらしい精神論だけでは，教師の協同をつくり上げることはできません。精神論を振りかざすことは，教職員の心の疲弊を招き，ネガティブ思考に陥りやすい状況をつくり出しかねません。

　私がとくに重視したのは，実践にかかわるさまざまな情報の共有化でした。日常的に生徒や保護者に関する情報をもっているのは，校長よりも教職員です。しかし，何かの決めごとや采配となると，教職員より情報量が少ない校長が行わなければなりません。より良い学校づくりのためには，日常から教師との継続的な対話を重視していなければ，適切な判断ができないばかりか，教職員と校長の意識に乖離が起こり，軋轢を生む危険性もあります。

　情報の共有化は，一人ひとりの教職員が学校運営に関する当事者意識をもつことにつながります。当事者意識をもつことは，それぞれの教師が進めようとする学校づくりを"我がこと"として考え，実践することにつながります。学校づくりの方針は校長が示し，教職員との意見交流を経て改善し，実践に際しては教職員の共有化を重視し，求めに応じて校長が助言するようにしたのです。また，教師の協同を築くうえで，かれらにできるだけ裁量権を与えました。すなわち，校長が考えたことがらを上意下達で進めるのではなく，教職員間での協議を求め，個々人の考えを反映することができるようにしました。

　教職員24名による学校評価では，私の着任前の年度と1年間の実践後を比較してみますと，「互いに協力をして，教育活動を進めることができた」の項目が5段階評価で3.5から4.8へと変化しました。さらに「生徒のため，授業改善を進めることができた」では3.2から4.7へ，「生徒指導上の問題は組織で対応

意欲的な研修の姿

できた」は2.8から4.7へ上昇していました。

自由記述には「互いの絆が深まり、安心して悩みや不安を打ちあけることができるようになった」「ばらばらな感じであった職員室がまとまり、協力して教育を進めることができるようになった」などと、同僚性の形成をうかがわせる意見が多く見られました。

保護者からの評価では「先生方が仲良く、学校に勢いが出てきた。子どもは学校が楽しいと言っている」、地域の自治会長からは「学校の様子が見えるようになり、子どもたちと協力して活動するのは楽しい」などの声が寄せられました。

教職員の中からは「自分のペースで教育活動を進めたいと思っていたが、今までの教職経験にない急激な学校の変化に、戸惑いがあった」といった本音も出されました。学校の協同は組織自体がもつ力により自然発生的に高まるのだから、ことさら働きかける必要がない、と考える校長もありますが、それは過去の時代の話です。さまざまな対処・対応が求められる多忙な現代では、スクールリーダーの意図的な働きかけによって教職員の協同を高めていくことは、学校づくりの基本であり、それが教職員の実践力を高め、生きがいや教師という仕事のやり甲斐に通じるものと理解しています。

参考文献
杉江修治　2011　協同学習入門―基本の理解と51の工夫　ナカニシヤ出版

対談：優れた組織変革者とは？

　司会：本書は，学校組織におけるリーダーシップのあり方について，各地で実績を残してこられた5名の管理職経験者の方々に事例を中心として執筆いただいています。その締めくくりにあたって，編者を代表して杉江さん，執筆者の一人である水谷さん，そして，企業の組織経営という立場からビジネス・コンサルタントで，ご自身も会社を経営しておられる丸山弘昭さんに加わっていただき，組織におけるリーダーシップについて話し合ってみたいと思います。司会役を石田が務めて，話を進めさせていただきますのでどうぞよろしくお願いいたします。

　まず最初に，編者の杉江さんから，こうした本を編集したいと思われた意図について，簡単にお話し下さい。

　杉江：私も石田さんも長年授業づくりの研究者として数多くの学校にかかわってきたのですが，見事に変わる学校にたくさん出合いました。児童生徒が生き生きと学び，教師集団が教育改善に向けて一丸となって挑戦する姿は決して夢物語ではないと知らされてきました。研究者は年に2,3回お訪ねし，自分の理論を根拠にしたアイデアをお伝えするだけなのですが，それを学校がどうとらえ返して生かしていくのか，教師と児童生徒を多人数擁する学校が，なぜそのように変われるのか，理由をより詳しく知りたいと思っていました。

　教師集団のダイナミックスが重要であることは分かるのですが，同時にそれを動かしていく校長のリーダーシップには，変わることのできた学校それぞれに特徴があったように感じました。私自身が学校とかかわる経験が増すにつれて，とりわけ校長の学校経営の在り方が大きなポイントと考えるようになりました。

　変わる学校には，校長のリーダーシップに個々の特色はあっても，共通している点も多くあるはずです。人間の集団にかかわる問題ですから，そこには普遍的な原理があるように思います。そこで，今回は，学校組織とは違う，企業

組織を合理的に改善する試みを重ねてこられた丸山さんを交えてお話をうかがうことで，本書の5つの事例を事例にとどめない，原理の発見の機会としたいと考えました。

■ 企業組織改革の視点から見た学校経営

司会：初めに，丸山さんから5人の校長先生方の原稿を読んでいただいての，大まかな感想をお聞かせ下さい。

丸山：わが社の顧客は，上場企業もありますが社員が50人からもう少し多いあたりの会社が中心です。私どもは，会計・税務・経営全般について相談にのり，諸問題の解決策を提示するという仕事をしていますが，最近，とくに多いのが企業再生にかかわる相談です。再生計画を立てて，それを実行支援していきます。今回のテーマは学校の"再生"だと思いますが，見事に再生した会社の話に近いと思います。

この本の中の校長先生方は，ある意味で企業再生請負人のような感じを受けました。原稿を読んで5人の方に共通しているのは「危機感」ではないでしょうか。再生できる会社とそうでない会社がありますが，5人の校長先生は危機感を自分ごととしてとらえ，「何とかしなければ」という当事者意識をもって取り組まれた方たちでしょう。

もう一つは，現状を客観的に把握し，自分一人で抱え込むのではなく，教頭や周りの先生に「私はこのような危機感をもっている。これではうちの学校はだめじゃないか，これでは社会の期待に応えていないのではないか，こんなプライドのない仕事をしていていいのか」と訴えて，巻き込んでいます。そこまで巻き込んでしまえば，あとは方法論ですから，まずは，スタート地点での危機感ですね。経営者自らの危機感と，これを共有するというところが，企業の再生にとても近いと感じました。

司会：問題意識というか危機意識がとても重要だということですが，危機感が足りないというケースもありますか？

丸山：ありますが，企業の場合，再生しないとつぶれるので危機感はとても強いです。

杉江：しかし，学校は内実はともかく，つぶれない！

水谷：私は大きな危機感をもっていました。というのは校長として赴任した学校は，教頭として2年勤めた学校で，その時の状況がよくなかったからです。その後，教育委員会に入りましたが，学校の状況は悪くなるばかりでした。そこで，校長になってすぐに何をしなければならないかは，自分の中ではっきりしていました。

杉江：企業だとつぶしちゃいけないという動機づけがありますが，教師の場合の動機づけは，恐らく別のところにあると思います。たとえば子どもを良くしたいとか……。

■ 危機感の共有からビジョンづくりへ

丸山：やっぱり執筆者の皆さんはビジョナリー（展望，見通しをもった人たち）です。水谷先生が「学びの学校づくり」を示されていたように，本来，学校はこうあるべきだというビジョンを皆さんが出しておられます。実はこの改革のビジョンが大事なのです。危機感の共有の次のステップは改革のビジョンなんです。わが社はこっちの方向に進むぞ，というビジョンの提示がなければ社員がついてきません。

司会：学校はつぶれないから，3年とか5年を大過なく過ごせば次の校長にバトンを渡せるということも起こり得ますね。

杉江：山本さんの原稿に「校長はゴールではなくスタートである」という一文がありました。校長の中にはゴールととらえている人もいますか？

水谷：中には，いると思います。出張とか外部の仕事にかまけて，学校の中を見ていないのでは，と感じることもありました。学校の中のことは教頭任せという鷹揚な方もいました。

杉江：ビジョンが大事と言われましたが，この本を書いた人たちは着任と同時にビジョンを出している印象があります。校長の中には1年はじっくり様子を見ましょう，2年目からやりましょうというタイプもいるでしょう。会社ではビジョンをもってスタートに臨むというのは一般的ですか？

丸山：出発点は危機感をもつことだと思います。でももつだけでは駄目で，

何とかそれを打開して夢を実現させようという意志を示すためにビジョンを出すのです。トップがバシッと打ち出すケースと，学校でいう教務主任クラスが集まってみんなで改革ビジョンを議論して合意形成するというケースがあります。どちらかというと，企業の場合はトップが打ち出すことの方が多いと思います。トップが「こっちへいくぞ！」といった方が早いですからね。ですが，リーダーシップの在り方としては，合意形成しながらやっていくというのもありだと思います。校長だけが突っ走って後ろを見たら誰もついてこなかったではまずいですからね。

　杉江：原稿ではボトムアップという言葉がよく出てきましたが，どこがボトムなんでしょう。学校の場合，一人ひとりの教師までがボトムでしょうか。それとも主任クラスがボトムでしょうか？

　司会：ビジョンを共有させるときの方法の問題だという気もします。企業の場合もさまざまなビジョンがあると思いますが，「それはちょっと無理」というようなビジョンもあると思います。そのような場合どのように合意形成していくのでしょうか。

　丸山：それはもう話し合うしかありません。

　杉江：そこのところは聞く耳をもつリーダーが重要で，独りよがりではいけませんね。トップがビジョンを打ち出したら，それを浸透させる手法はいろいろあるのでしょうね。

　丸山：まず，どう転んでもできないようなビジョンでは駄目です。組織の緊張度にもよりますが，通常よりもかなりの圧力をかけたらできるぐらいのビジョンを出します。そして，現状とビジョンとの差をどのように埋めていくかというのが，戦略になると思います。学校でいうと教務主任を集めてやるようなことですね。ボトムアップというのはかなり成熟した組織では通用しますが，改革の時は通用しません。むしろミドルを中心にしたアップダウンというのが実態ではないでしょうか。

　私は社員200人の会社のリーダーの一人ですが，現場をすべて熟知しているかといえばそんなことはありません。「こっちへ行かないと私たちの社会的責任は果たせないぞ。社会的責任を果たさないと自分たちは生きていけないし，失職してしまうぞ」程度のことは言います。しかし，どうやるかは現場の

PDCA（Plan 計画→ Do 実行→ Check 評価→ Action 改善のサイクル）に任せます。

司会：そういう意味では，学校では個々の運用は先生に任されている部分が大きいわけですね。会社の大きさとの関係で，ここから先は一人では難しいという規模はありますか。

丸山：会社の規模が数十名の時は自分で提案書を書いてプレゼンして，受注して人の手配をして，できない時は外部から人をつれてきて……とやりますが，ある一定規模以上になると組織で動くようになりますね。

■ 組織をどう動かすか

司会：一定規模以上になると役割責任を意識しなければならないと思いますが，そこで注意しなければならないのはどのような点ですか？

丸山：やはり，民間企業ですから採算を度外視することはできません。ですから，きちんと採算のとれる仕組みを作って，各部署がちゃんと採算にのるかどうかを見ています。

司会：そのような仕組みは学校でも必要ですよね。

杉江：水谷さんのところでは各学年で目標をつくらせましたね。あの形は似ていると思います。ただし，適切なチェックが必要なんです。

丸山：水谷先生の基本方針は，協同を学習の核とした学びの学校づくりで子どもを育てる，これがいうなればビジョンですよね。これをもとに整合性のある首尾一貫した学年の目標ができますね。

水谷：そこに力を入れてつくりました。

丸山：そうですね。それが大切だと思います。あと，会社では「現場に任せて任さず」ということがあります。月に1度経営会議を行い，当初に計画したことがそのように進んでいるかどうか定期的にチェックします。計画通りにいってなければ，それをどう軌道修正するか検討する場が必ずあります。大きな会社でも同様です。

今，ガバナンスということがよくいわれますが，要するに企業統治というか管理・監督のことですが，これを会社の内部だけでやっているとうまくいかな

いので，社外の役員を入れるというのが時代の流れです。とくに上場会社はそうしないとうまくいきません。私は社外役員もやっていて，証券会社の月1回開かれる取締役会に出席しています。取締役会では必ず年度方針に沿った業績検討を行います。石垣先生の話の中で，従来は4月1日になってから方針を示していたのを3月中に行ったと書かれていましたが，これは会社にとっては当たり前のことです。それでないと会社経営はできません。大方の会社は年度方針を事前に出してから，全社員を集めてまず社長が基本方針を話します。次に，各部署が部の方針を話すという経営方針発表会を行います。学校でも教育方針発表会のようなものはありますか？

司会：それとともに，チェックの部分はどのようにしていますか？

水谷：学校では4月1日に校長が経営方針を伝えます。チェックは学期ごとに行います。犬山市では2学期制を採っていましたから，前期と後期で2回チェックを行いました。チェックは各学年が出した目標に対して，どこまでできているかについて5段階評価と記述式で行いました。

丸山：毎月はどうしていましたか。

水谷：毎月まではやってないです。

丸山：会社では毎月やって，中間でもやります。場合によっては四半期ごと，3カ月に1回ですね，年度計画に沿っているかどうかを確認します。

杉江：学校にも多様なフィードバックの機会はあると思います。たとえば研修会をやって意見交換をするなどしているから，全体を通してではなくても部分的にはフィードバックの機会を設定することは可能だと思います。ただし，それを意図的にやっている学校がどれぐらいあるか，という問題はあります。

水谷：学年として子どもの姿と学びはどうなんだ，というのは学期ごとのチェックになりますが，学校としてどのような授業を目指すのかということについては研修になりますね。授業内容だったり授業方法だったりということは，研修会でチェックします。ですから，私は，全学年・全学級が授業を公開することにしていました。その際，うちの学校では外部講師として杉江先生に来ていただき，指導していただいたことをもとに軌道修正する，あるいはこれで良いという確認をする機会にしていました。

司会：それぞれの学年が目標に向かって取り組んでいくわけですが，今年は

このような方針でやってきて，この部分は達成できたがこのようなところは足りなかったというような振り返りが，次の学年になかなか受け渡されていない学校も多い，という印象があります。

水谷：私の学校の場合は，年度末に1年間の教育活動を研究紀要という形で冊子にまとめていました。どのような目標で1年間やり，どのような成果と課題があったのかを，それぞれの学年がまとめていたのです。その冊子を使って，次年度初めの研修会で新任，異動を含む全職員が共有しました。さらに前年度の授業を撮影したDVDを観て，この学校の授業の進め方の共通理解を図る機会としていました。その研修の場に外部講師として杉江先生にも来ていただき，協同で授業を進めていくことを確認したうえで1年をスタートさせていました。

丸山：普通の企業の場合は，年度初めに方針を出す時に，昨年1年間の実績を確認し，できたこととできなかったことを明確にします。今年1年は，情勢の変化もあるので，この部分は今期はこうしてやっていきたい，こちらの去年の計画はこれでもう終わりにしようとか，このようにしたいとかいう総括と次年度の目標設定を合わせて出します。

司会：その際に数値目標を出すのは比較的容易だとは思いますが，定性的な目標についてはどのようにしていますか？

丸山：定性目標ははっきり言って難しいですね。多くの会社では感覚的に○△×ぐらいで評価しています。なるべく定量化したいので，調査を専門とする会社に依頼して社員のモラール・サーベイ（勤労意欲測定）をやるというような手の込んだことを試みているところもあります。

杉江：企業システムとして評価を節目節目に入れ込んでいくというのは，学校としては示唆のある内容です。全体的にみると，学校にはそのような文化が乏しいと思います。

丸山：この本の中には，どなたか外部評価を採用している先生がいたと思いますが？

杉江：坂谷さんの学校ですね。石川県の教育委員会で外部評価システムをつくる時に，彼女は中心メンバーの一人でした。つくってみるとこれは使えるということになり，改善の重要なツールとして活用したということでした。評議員制とかの外部評価というのは文科省の指導によるもので，いまや多くの学校

のホームページを見ると結果が掲載されてもいるのですが，要はそれをどう活かすかですね。文科省や教育委員会といった上意に形だけしたがうセレモニーにするのか，それとも子どもたちのために活かすのかは，校長次第というところがあると思います。

■ 優れたリーダーシップをどう共有するか

司会：水谷先生はビジョンや具体的な方向性を示したり，確認とか評価をきちんと実施するなどいろいろ試みていますが，犬山市ではそれぞれの校長同士がそれらを共有するための議論とか，学び合いの機会とかはありましたか？

水谷：ありませんでした。それぞれの校長はそれぞれのプライドで動いていますから，そのような議論はしたがらないですね。学校経営にかかわる意見は聞きたがらない，言われたがらない。私はそうしたことをやりたいタイプですので，それをやろうとすると煙たがられました。

杉江：犬山市が教育改革をやっている時は，教育委員会が各学校に経営方針を公表させませんでしたか？

水谷：「学びの学校づくり」としてまとめたものを公表しました。

杉江：あれは一定の効果があったと思います。ただし，外側の力がないとなかなか進みませんね。

司会：そのような意味では，校長の優れたリーダーシップは共有されにくいということでしょうか。

丸山：教育って大事じゃないですか。とくに幼少期の教育はとても重要だと思います。学校で育った子どもたちが将来の日本を支えるわけですからとても重要なわけで，各校長がこの本を読めば，自分たちはどうやったらいいのかが分かり，世の中の期待に応えられるわけですよ。マズロー流に言うと自己実現も果たせるので，しっかりと活用してほしいと思います。

杉江：学校経営の進め方が分からず困っている方がいると思うので，ぜひ参考にして，指針にしてほしいという気持ちがあります。「長」の付く人はお互いにコミュニケーションがないから孤独ですよね。校長が自分をごまかして定年まで勤め上げるのか，それとも子どもたちのために頑張るか。でも，学校の先

生は根がいい人だから，心の奥底では良くしたいと思っていますよ。その意味できっかけとしてこの本が活用されるといいと思います。

司会：新任の先生は困った時に相談できる人がいますが，新米の校長先生が困った時には誰に相談するのでしょうか？

水谷：そのような発想をしたことがありませんでした。

司会：自分で考えるしかないということでしょうか。

水谷：そういうものだと思っていました。私には杉江先生がいましたので，協同を軸にして進めていこうと考えていました。一般的にいえば，誰かに教えてもらうということはないと思います。

司会：校長には対外的な仕事が多くなりますが，教えてもらうという機会も必要ではないかと思います。

丸山：本当に必要ですね。教育委員会という組織があると思いますが，それは学校の上に君臨していても受け皿は用意していないのですか？

水谷：君臨ということはないですが，教育長からの指示や指導はあります。

丸山：右も左も分からない新任校長が相談できる窓口みたいなものが，教育委員会にはないのでしょうか。世間ではコーチングと言ってますが，コーチングする機能を教育委員会がもつといいですね。たとえば，水谷先生には杉江先生がおられますね。そのような人が教育委員会にいて各校長の相談に乗るというように……。

司会：愛知県では，新任校長に対する研修はどのようになされていますか？

水谷：1年間の新任校長研修というのがあります。レポートを書いたり，集まって話し合いをしたりということはあります。ただ，丸山さんが言われたような相談の窓口については，教育委員会にそれだけの余裕はないと思います。校長にはさまざまな悩みがありますが，現状ではそれらに対応できる幅のある人材を置くだけの余裕はないでしょう。

司会：全部自前でやろうとするからできないのではないでしょうか。いろいろなキャリアをもった人とつながればいいと思うのですが……。

水谷：教育委員会にそのようなスタンスがあれば効果的でしょうね。

■ 協同・同僚性をとらえ返す

司会：この本のキーワードの一つは，教職員の協同とか同僚性ということです。企業組織における協同とかチームワークについてお聞かせ下さい。

丸山：同僚性とは何でしょうか。仲間意識のことですか？

水谷：私は，お互いに切磋琢磨して共に力を伸ばしていくような組織の在り方を同僚性として用いていました。

杉江：なあなあの関係ではなくて，ね。協同は助け合いではなく，高め合い，鍛え合いなんです。

丸山：ある意味，同僚性も教師の協同も近い意味ですか？

杉江：そうです。教師の協同というとき，飲み友だちで仲がいいねという意味ではなく，課題達成に向けてお互いに高め合うような仲間意識を指しています。それが生きがいに通じていきます。

丸山：そうした意味だとしたら，企業経営とまったく変わらないと思います。ただし，私たちは協同の「同」の字が違います。働くという「働」の字を使います。

杉江：「協同」と「協働」は意味が違います。協働というのは連携プレイのことであり，コラボレーションですね。協同というのは信頼を基盤とした心情的な結びつきが背景にあるのでコーポレーションになります。コラボレーションの場合は，必ずしも人間的な信頼関係はなくても相手の力量に対する信頼さえあればいいわけですね。同僚性はモチベーションの根源にまで迫る，たとえばあの人はいい仕事をしたがっている，というようなことを前提としての関係ですから，コラボレーションではなくコーポレーションということになります。私は企業でも一歩踏み込んで，コーポレーションの関係が本当は大事ではないかと思います。

丸山：いや，それはありますよ。大きな会社組織では年度初めに方針が出されます。その方針に沿って各部署の方針が出てきます。方針についてここは僕の責任というのが決まっていきます。そして協働の責任を果たすためには，ここは自分がきちっとやらなければ全体がダメになるというような，仕事に対するオーナーシップのようなものがすごくあって，それでお互いに尊敬し合いま

す。それができない人は組織からはじき出されてしまいます。あいつはそれに値しない人間なんだ，と。まさに高め合う関係なんです。

司会：役割意識というか守備範囲が明確になっているということですか？

丸山：なっています。組織の目指すべきところは何かということが，きわめてはっきりしています。

司会：学校では役割意識や守備範囲といった点についてはどうでしょうか？

水谷：校務分掌があって，各係に分かれてそれぞれが役割をきちんと果たしています。校務分掌と授業とは別です。授業は学年で協同してやらないと，子どもは育てられません。

司会：学校で問題が起きると，まず，一時的に担任が問題を取り扱う責任者ということになると思いますが，保護者や地域がかかわる問題もあるかと思います。ですから，その先生一人に任せておいては負担が大き過ぎるために，学年として考えたり，学校で一緒に解決を目指したりするということはありますか？

水谷：私の場合はよくカンファレンスをやりました。何かあったら管理職も含めて関係者全部が集まって話し合いました。関係する学年はもちろんのこと，養護教諭や特別支援担当などが参加して方向性を共通理解していました。

司会：水谷さんが校長として指示をして，そのようにしていたのですか？どこの学校でもそうしたシステムがあるんですか？

水谷：ないと思います。私の場合は責任を一人に背負い込ませないためにそうしていました。

丸山：非常にいいですね。企業の場合は委員会というのをたくさん作ります。当社でも組織横断的に委員会があります。たとえば福利厚生委員会では2年に1度の海外旅行とその間の年の国内旅行を企画します。当社の顧問先で美化委員会を行っている会社もよく見かけます。職場の整理整頓は基本中の基本です。

司会：石垣さんは職員室のいらないものを整理したと書かれていましたが，学校に職員室の整理整頓という校務分掌はないですね。

水谷：ないです。

司会：確かに私がお伺いした学校の中には，雑然としていたり暗かったりする印象の学校もありました。逆に，清潔でスッキリとした学校もあるなどさま

ざまです。

丸山：石垣先生は予算を確保して壁を塗り替えたのではなかったでしょうか。これは企業では当然やることです。校長先生は大方針を示すとともに組織横断的な機能を果たす委員会のようなものを多用すればよいのではないでしょうか。1つの委員会は数名だと思いますが，委員会のリーダーをやればその人の成長の場になります。

杉江：組織で協同的な活動をする中で協同性も育っていきますが，企業では協同的な活動を促す工夫が明確になっているという気がします。なぜかというと，チームとして何をやるのかというゴールがはっきりしているからです。ですから，学校の教師集団にゴールをはっきりさせられるかどうかが，1つのポイントになります。企業の場合は協力せざるを得ないじゃないですか。たとえ仲良しでなくても分担して仕事をする中で，お互いに相手の力量も分かるし信用できるかどうかも分かります。学校ではそれを意図的に仕掛けないと，ちゃんとした場面でお互いが向き合わないというところがあります。

しかし，本書で紹介している学校は，校長が研修をはじめとしていろいろな仕掛けをしており，教師の同僚性が自ずと育っています。そういうところにも企業経営との共通項を感じました。

司会：企業は決算によって組織活動の評価がはっきりと分かりますが，学校では赤字が明瞭に出てくるわけではありません。学校では「これは赤字だからダメだぞ。これはまずい」ということにはなかなかなりにくいですね。

杉江：基本的に学校は赤字になりませんね。大人の働きかけが十分でなくとも，子どもは1年経てばかれら自身の力で成長しますから。名市大の原田信之さんが翻訳した本[1]を読むと，子どもは授業の工夫をしなくても0.4伸びる，協同学習をやると0.7ぐらい伸び，習熟度別指導のような問題の多いと言われる指導法によっても0.1ぐらいは伸びる，とありました。数値が高いほど効果があるという指標です。このように子どもは自分の力で育ちますからね。ですから学校はトータルでは赤字になりません。

ところで，かつての成果主義では，部内で互いに競争し合い，一人ひとりが

---

1) ジョン・ハッティ『学習に何がもっとも効果的か』あいり出版　2017

孤立した仕事を強いられているということでしたが，今でもそんな文化はありますか？

司会：バブルがはじけた頃は，実力主義とか成果主義がさかんに喧伝されましたね。

丸山：組織は信頼関係をなくしたらもう組織ではあり得ません。周りがみんな競争相手だったら協力なんてしませんよ。

杉江：実際に成果主義でやって良かったという会社はあるのですか？

丸山：それはないと思います。長期的視点に立てば，実力があって業績をあげた人はしかるべきポジションに就くのは事実です。しかし，短期的な数字で白黒つけるのは無理があります。組織論としては成り立ち得ません。だって人を育てるという機能がまったくゼロになってしまいますからね。根本的に間違っていると思います。会社というのは長期的に存続するものなので，もうかったらいいけれど，もうからなかったらやめようというわけにはいきません。報酬だけで動くような組織は駄目でしょうね。

■ 企業経営論からのアドバイス

司会：学校の改革に際してさまざまな問題意識なり課題意識なりを高める方法について，何かご意見はありませんか？　企業での経験や知見から，このようなことが役に立つのではないかということがありましたらお願いします。

丸山：校長が危機感をもってビジョンを提示し，そのビジョンを共有させながら合意形成を図っていく，という話をしました。会社でも各部署がもっている現状の問題点は必ずあるわけで，それを共有することが必要です。よくコミュニケーションといいますが，今の時代はみんなメールですませますから，コミュニケーションが取りづらくなっています。隣の席にもメールをする人がいますが，そんなの駄目ですよね。

司会：そうすると，コミュニケーションをとる機会を意図的につくるということですか。

丸山：ええ。京セラを創業した稲盛和夫さんが最後にやった仕事がJALの再生でした。稲盛さんは非常に経営をシンプルに考える人です。だからあそこ

までいける．経営をあまりに複雑に考えてしまうとわけが分からなくなってしまいます．

彼がやっていたことは2つです．まず理念に訴えます．京セラフィロソフィーと言っていますが，要するに人間はかくあるべしと社員に徹底して教えるのです．理想論をガンガンぶって，現実論も言っていく．理想と現実，美しいことを言いながら，稼ぐところは稼げというフィロソフィを訴えていく．

もう1つはアメーバ経営と呼んでいますが，学校でいうと学年の教師集団にあたる小集団で収益を測定するのです．これは管理会計の仕組みなんです．この2つを同時に進めることでJALの改革も成し遂げられました．2年8ヶ月で再上場を果たしたのは奇跡的なことです．

しかし，その中にも，お手並み拝見というような社員も出てきます．そこで何をやったかというと，フィロソフィ研修の後でコンパ，要するに飲み会です．研修が終わった後にみんなで千円出して，缶ビールとピーナッツで，あのときはああ言ったけど，実はこういうことなんだとか，そういう終わった後の若干お酒も入った飲み会，これがないと浸透しないというのです．京セラのコンパ経営[2]と言うのですが，それで仲間意識を高めていくのです．私たちも会議が終わった後は飲み会をやるのですが，そのような場では意外と本音が出たりしますね．先生方もそうではないですか．

司会：昔はそのような機会も多かったと思いますが，一方で最近の若い人はコンパに出てこなくなったともいわれます．

丸山：それは上に立つ人の力量でしょう．人望ですね．上に立つ人は良い評判をとるのが大事です．評判の良い人には社員はついていきます．

あともう一つ，オフサイトミーティングが有効です．要するに会議や研修が終わった後に自由に雑談する会です．まじめな飲み会とでもいいましょうか．これをやっている会社はけっこう多いです．

司会：昔は職員室の隅にソファが置いてあって，授業後に話し合うということもけっこうあったのですが，今ではだんだんなくなってきているのではないでしょうか．

---

[2] 北方雅人，久保俊介『稲盛流コンパ―最強組織をつくる究極の飲み会』日経BP社　2015

杉江：そういう意味では，職員室のレイアウトも考えた方がいいですね。

丸山：校長室を開放したという先生がおられましたが，あれはいいですね。

杉江：高校へ行くと教科別に研究室がありますが，あれが教師を横につなぐにあたって大きな障害になっていると思います。教科ごとにまとまっちゃうから。それを1ケ所に集う場所をつくって交流できるようにしないと，学校は変わっていかないですね。気心が知れるというのは，ただ友だちだということではないです。普段から付きあっていない友だちじゃない人とも気心を通わせられることも必要です。仕事とのかかわりで信頼できる人かどうか相手をしっかりと値踏みできるようになるということですかね。

丸山：組織の目標に対して共に高まっていくということでしょうか。

司会：企業の場合はラダーというか職位の役割責任や職務が明確になっていますが，学校の場合も明確ですか？

水谷：校務主任，教務主任から上の役割責任は明確になっています。

杉江：学年主任とか研究主任とかいくつかの主任がありますが，それらの役割を明確にできるかどうかは校長の手腕ですかね。名ばかりの研究主任だったりする学校もあります。本人に課題意識がないので，誰が授業提供をするのか調整するだけの研究主任もいます。そんな学校では，せっかくの研修会もその場限りのセレモニーになってしまいます。

司会：役割付与は校長が決めるのですか？

水谷：人選は校長が決めますが，役割の内容は「これをやってもらえないか」とこちらの希望を言ったり「このようなことをしたい」という提案をしたりと，話し合いながら進めていきました。

司会：組織の長としては，この人に任せておけば安心だからと，特定の人にお願いしてしまうようなこともあるでしょうね。

水谷：うまく回していくことが大事ですから，それはあると思います。でも，任せっぱなしではなく，校長がどのように関与していくかも大事だと思います。私はかなり踏み込んで介入していくタイプでした。

司会：たくさん仕事をした人が職位を上げていくとなると，先生方も触発されるのではないでしょうか。

水谷：学校組織は鍋ぶた組織で管理職は2人しかいません。教務主任と校務

主任が準管理職的扱いで，そこまでの役職に就くと触発される部分もあります。だから，よくやる人は上げたいと思いましたが，だからといって丸投げにはしませんでした。学校は小さな組織ですから，校長が全体を把握することができ，みんな見えてしまいます。毎日，学校の中を回っているので，子ども一人ひとりについても話ができるぐらいでした。ですから，校長一人でいろいろなところをカバーできてしまうところもありました。

■ 現場に神が宿る

司会：そうすると校長で学校が変わってしまうというか，校長一人ひとりの資質がとても重要になってくるわけですね。

丸山：授業風景を見にいくというのは校長の皆さんがやっていますか。

水谷：みんなやっています。

丸山：それはトヨタ自動車なんかも同じで，現地現物と言われています。製造業なんかとくにそうじゃないですか。「現場に神が宿る」と言う方もいるぐらいです。これがある意味，日本的経営の極意みたいなものですね。

杉江：学校もそうですね。先生の言葉掛け一つで変わってきますね。校長が現場をしっかりと把握することがとても重要です。

水谷：子どもの顔は毎日変わりますから，私は毎日学校中を回りました。毎朝一回りして，それから給食の時にも一回りしました。どんな顔をして給食を食べているのかと……。学校は配置が合理的になされていますから，見て回ること自体は比較的容易です。

丸山：それが学校経営の基本じゃないでしょうか。トヨタは21世紀に向けて「トヨタウェイ2001」という形で企業理念を明文化しました。トヨタは今はグローバルな展開をしています。昔のように三河の中で車をつくっていたら，お互いに阿吽の呼吸，暗黙知でできた部分もあるのですが，世界中でいろんな人が働いている今はもうそれではできないじゃないですか。21世紀に変わるときに，ペンシルベニア大学の先生にリサーチしてもらい，最終的につくってもらったと聞いています。

その内容は，ものづくりの基本に関しては3つのキーワードから構成されて

います。第1のキーワードは「チャレンジ」です。「絶えず挑戦せよ」ということです。2つ目が「改善」です。改善は1回だけでなく継続的な改善です。そして，3つ目が「現地現物」です。これがものづくりの基本です。

さらに，組織の基本として2つのキーワードが掲げられます。1つは人間性への「リスペクト（尊重）」と，もう1つは「チームワーク」なんですね。トヨタの人事部の方に聞いたことですが，人間尊重という限り人間誰でも尊重するということになります。人間は怠ける，遊ぶ，一生懸命働くという面が一人の中にも存在すると思いますが，人間性は一生懸命やるという側面を指しているというんですね。トヨタウェイ2001を知らない人はトヨタではいません。トヨタでも会社には常にいろんな問題が起きますよね。そうしたときに，トヨタウェイ2001に沿って行動しているかどうか，考え動いているかどうかを確認するというのが，トヨタの原理です。

杉江：チャレンジと改善というのは，基本的に前に進めということでしょうね。

丸山：そうですね。

杉江：そういう点は，学校ではどうなのでしょうか。全体的には意識が薄いかも知れませんね。

丸山：この本の中の先生方は，皆さん改革していますね。編者としてはそこのところの共通原理を探したいんですよね。

司会：改善とか現地現物に相当する取り組みは本書の中にも出てきますが，チャレンジは学校でいうとどんなことになりますか。

丸山：この本の中でどなたかが，教える一方ではなく生徒たちに課題を出させながらやるという，子どもたちに主導権を与えた取り組みがあったと思います。

司会：学び合いは協同の基本原則であり，そのような考え方に基づいて指導されています。教えられる習慣が身に付いている子どもたちに，教師が教え込みをしないで，かれらにそれを任せようとするのは確かになかなかのチャレンジなんですね。

杉江：「教え込み」から「学びの支援」に変えることは本当に難しい。

丸山：難しいですね。教えている実感が自分の満足感になっています。

杉江：どうしても教えちゃう。最終的にがんばっていたのは先生だけという

こともしばしばあります。

丸山：それではダメでしょう。生徒の方はさっぱり理解していない。どなたか事前に生徒の実態評価をするという話がなかったでしょうか。最初に生徒と学校の現状を把握して，そのうえで取り組みを始めるといった例がどこかにありました。あのような進め方はいいなあと思います。私も気を付けていることです。まずプロジェクトのゴールを明示しなさい，全体像を話したうえで1個1個の仕事を依頼しないと迷路に迷い込んで，収拾がつかなくなるから，まずそこを大事にしてゴールのイメージをプロジェクトメンバーで共有しなさい，とよく言っています。

杉江：相手が自分から動けるようにゴールをセッティングするわけですね。

■ 組織改革の8段階プロセス

司会：それでは，5人の校長先生の組織論をお読みいただいて，全体を通した感想をお聞かせいただけませんか？

丸山：杉江先生のおっしゃるような改革のアプローチは，企業にもあります。ハーバード大学の教授で企業変革の本をたくさん書いているジョン・コッターという方がいます。松下幸之助さんの寄付講座の主任教授だった人です。コッターが書いた本がここにもありますが，この本の中ではたくさんの組織変革の事例を分析して導き出した改革の8段階プロセスが書かれています。

それによると，1つ目が危機意識を高めることです。これがないと何もスタートしません。2つ目が変革推進チームを作ることです。学校の場合だとメンバーはせいぜい教務主任までかなという気がします。3つ目が適切なビジョンを掲げることです。基本的には校長の仕事ですが，それを提示して合意形成を図っていくことが必要だと思います。4つ目がビジョンを周知徹底していくことです。もっと言えば，ビジョンを推進するメンバーを選ぶ，推進するメンバーを募るということでしょうか。5つ目が自発的な行動を促すことです。いろいろと邪魔をする人も出てきますが，そこは「だまっていなさい，やる気のある若い人にやらせよう」ということなんですね。6つ目が短期的成果を実現させることです。高い目標を掲げるよりもプロセスの途中でのチェック，さら

表　変革を成功に導く8つの段階[3]

段階	活動	新たな行動
第1段階	危機意識を高める	「やろう。変革が大事なんだ」と互いに話し始める
第2段階	変革推進チームを作る	大規模な変革を先導するだけの力のあるチームが編成され，協力しはじめる
第3段階	適切なビジョンを掲げる	変革チームが適切なビジョンと戦略を掲げる
第4段階	ビジョンを周知徹底する	周りが変革を支持するようになり，それが行動となって現れ始める
第5段階	自発的な行動を促す	ビジョンに基づいて行動できると感じ，実際に行動する人が増える
第6段階	短期的な成果を実現する	ビジョンの実現に向けて動き出す人が増えるにつれ勢いがつく。変革に抵抗する人は減る
第7段階	気を緩めない	変革の波を次々と起こし，ビジョンを達成する
第8段階	変革を根づかせる	変革の文化を定着させることにより，リーダーが交代しようとも，勝利をもたらす新たな行動を続ける

に言うと今日やったことの成果のことです。短期目標を達成したらそれでOKと言わずに，ここまでできたんだから次はこれだね，という漸進的な目標設定をし，変革を根づかせる，こういう会社が成功していると言っています。私も企業再生の時は，ほぼこの通りやっています。この順番を変えてはいけません，順番も大事です。この本の校長先生方がやっていることは，中身は違っても概ねこのようにやっておられると思います。

　カルロス・ゴーンさんは見事に日産自動車を立て直しましたが，あの時にもやっぱりこのようにやっているわけです。まず，危機意識を高める，そして変革推進チームをつくる，次に変革ビジョンをつくってそれを戦略に落とし込むということをやり成果を実現していきました。私が4年間社外監査役をやったブラザーは，一時期危機的な経営状況だったのですが，その時ブラザーの社長であった安井義博さんがリーダーシップを発揮し，同じようにやったのです[4]。

　ゴーンさんはクロスファンクショナルチームという，組織横断的なチームづくりをしているのですが，ブラザーでも1990年代に21世紀委員会というものをつくり，次の10年はどのような会社をつくればよいのか策定するために組

---
[3] ジョン・コッター，ダン・コーエン『ジョン・コッターの企業変革ノート』日経BP社　2003
[4] 安井義博『ブラザーの再生と進化』生産性出版　2003

織横断的に7人を選びました。30代，40代，50代のチームにそれぞれ21世紀ビジョンを出させた結果，最終的には30代と40代の折衷案になりました。50代のビジョンはすべてボツにしました。そりゃそうですよ。残り10年になると，将来に向けた変革より今まで通りやりたいと思うわけですよ。それでは現状突破できません。

杉江：それは経営者のセンスなんですね。

司会：組織をより強く効率的にしていく法則みたいな，普遍性みたいなものがあると思うんですが，センスとはそれに気付くかどうかということですね。

杉江：人をどのように動かしたらよいのか，学校も企業もすべて組織ですから行き着くところは相当似ているところがあって，コッターの整理した内容は，学校におけるリーダーシップとしても有効であると感じます。

丸山：この本も改革の標準シナリオのような本になり得るかな，と思います。私が書いた本[5]の中では，この東海地区でがんばっている企業（M社）を紹介しています。飲食店にアルコールや食材を卸している会社で業界では日本一です。社長はもともとは酒屋さんに酒を売っていた問屋の後継者ですが，酒屋さんがどんどん無くなっていって，これはまずいと思ったわけですよ。それで彼はビジョンをつくり皆に伝えていきました。そのとき彼より年配の人でついていけない人はやめていったそうです。でも，若い人はついてきてくれました。彼の改革のやり方もコッターの本の通りでした。このような実例を知っていますから，私はコッターの本に書かれていることを信じています。5人の校長先生も多少の違いはあっても，コッターのやり方に近いのではないでしょうか。共通しているのは，皆さんも明確なビジョンを出していることです。それから今の授業の基本の改革からはじまっています。現状否定して新しいやり方で進めています。そういうところは共通項だと思います。

司会：この次の段階はどうなりますか。つまり，現状を把握して，危機意識からそのビジョンを提示し，効果的な展開をしていく。それによってたとえば会社なら会社がよくなっていきますよね。会社が変革でうまく回っていった時，気を緩めない仕方というか，さらに高みにもっていくためにはどうしたらいい

---

5) 丸山弘昭『ベストプラクティス経営』PHP研究所　2000

でしょう。

　丸山：変革を根付かせる段階ですね。最近はAIとかインターネットとか，とても経営環境の変化が激しい時代です。私の友人の会社では，変化する環境に対して10年先にわが社の商品が残れるかどうか，ということを幹部社員と一緒になって考えています。年に1回，仲間を入れて自分で自分を壊しにいくのです。今うまくいっているからいいじゃないかではなく，いつまでもつか分からないから変革していくのです。ですから，絶えず環境分析をやっています。トヨタでもやっていることです。

　学校ではその雰囲気がちょっと薄いように思います。今の子どもたちが大人になってちゃんとした社会人としてやっていけるかどうかを考えると，やっぱり今を変えていくべきですね。会社では経営努力が必須です。学校でも読み書きそろばんだけではなく，パソコンの力とか英語力などは知識として教えておかなければならないと思います。いくら人間性を高めるというような崇高なことを言っても通用しません。

　杉江：21世紀に本当に求められる学力観をはっきりさせて，それを捉え返してプラスに転化して授業改善につなげるということですね。そうした面で見ると，校長のしっかりとした課題意識，危機意識が日本の学校文化の中にはまだまだ薄いように思います。私がかかわりはじめて2～3年で子どもの顔つきまで明るくなる，生き生きと学ぶ学校づくりに成功する学校があります。しかしそうなった時こそが危機のように感じるのです。学校が大きく変わってもなお，この学校の次の課題は何ですかと先生方にいつも問いかけています。

　丸山：月並みですが，広く世の中のことを知る，見聞を広める，いろいろいい会社を視察する，すると自分が井の中の蛙ということに気がつきます。次の課題も見えてきます。

　杉江：学校の先生方も，在職している学校という組織の文化のもとで経験を重ねているわけですから，井の中の蛙というところがあるでしょう。そういう意味では学校のリーダーが教職員の視野を広げるべく，かれらを外へ出すということには大きな意味があると思います。

　司会：いいところに落ち着いたと思います。皆さん，本日はどうもありがとうございました。

あとがき

　昔話からはじめさせてください。共編者の杉江修治教授は，大学，大学院を通じての同じ専攻の先輩で，私と協同学習とのかかわりは先輩との学生時代にさかのぼります。当時は「バズ学習」と呼んでいた，学び合いの方法論に共鳴する学校が愛知県，滋賀県，新潟県，広島県などにあり，私たちの講座と密接な交流が行われていました。これらの学校で開催される勉強会，実践報告会，研究発表会に講座スタッフとして参加し，授業を参観し，先生方と懇談するなかで，教員組織のあり方についても多くを学ぶことができました。

　もちろん私たちは，協同学習という教育方法論をどのように実践へと応用するのか，その際に生じてくる問題をどう解決するか，という目的のために学校を訪問していたのですが，それと同時に，教室の中だけでなく職員室の雰囲気や教職員の様子などについても，さまざまな気づきがありました。

　「職員室が明るい学校って，学級にも活気がありますよね」「教員が言いたいことを言い合える学校は，元気のいい子どもたちが多いみたいですね」。こうした会話が，実践校への行き帰りにしばしば交わされたことが思い出されます。当時はまだ，「同僚性」だとか「教師の協同」といった言葉は一般的ではなく，漠然と校長の力量と恵まれたスタッフに影響力の原因を求めていました。

　日本の学校文化では，優れた組織運営や素晴らしい授業を，それを成し遂げた教師の人柄に帰すということが多かったように思います。「あの校長だったからできたこと」「あの先生でなければできないこと」であるといった具合に，いわば名人芸として「その人でなければ達成され得ないこと」として奉ってしまうのです。しかしながら，こうした態度からは新しい組織変革は生まれてきません。

　そのためには，「あの校長だからできたこと」ではなく，「その校長が抱いていたねらいは何か，その達成のためにどのような学校運営が心がけられていたのか」という，リーダーシップやマネジメントの面から詳らかにする必要があります。学校では日々さまざまな問題が起こっており，それらはその学校が

置かれた地域や環境によっても違っています。そうしたさまざまな問題を望ましい仕方で解決したり，想定されるリスクを未然に防いで，生き生きとした学びの場を創造する取り組みは，決して校長一人や特定の先生のみによって実現されるものではないでしょう。そこには，学校を構成している教職員一人ひとりが各自の役割責任を自覚し，自らの成長と達成すべき学校の共通目標に向かって協同する，「同僚性」の発揮された姿があるに違いありません。

　本書は，学校が直面する課題や問題について，それぞれの校長がどのように達成，解決を先導してきたのかについて，具体的に紹介したものです。その一つひとつの表情は，学校が置かれている地域社会や環境，学校規模，構成員たる児童生徒によって異なっているように見えるかもしれません。しかしながら，変革・改善が成果を得るまでのプロセスには，共通の道筋があるように思います。それは，巻末の対談でビジネス・コンサルタントの丸山弘昭さんが紹介している，企業における変革を成功に導くプロセスとも軌を一にしています。

＊

　会社や企業と非営利組織である学校とは，もちろん多くの点で違いはありますが，それは実績を評価する観点の違いであって，組織が本来の目的に向かって効果的に機能するよう改善する道筋は共通している可能性があります。丸山さんが引き合いに出された『ジョン・コッターの企業変革ノート』（日経BP社）では，約130の組織の400名余りの人々にインタビューを行い，変革・改善に際して「人々が行動を変える」プロセスが明らかにされています。そして，変革・改善の成功には，理性に訴えるだけではなく心に響く真実を示すことが大切だとして，達成に至る8つのステップを示しています。本書で語られた5つの事例とどのように共通するか，以下にそれらのステップを紹介してみましょう。

　変革を成功に導く第1段階は，「何とかしなければ」という改善の必要性を認識させる問題意識や危機意識を，関係者の間に広めたり高めたりすることです。つまり，十分な数のメンバーが十分な問題意識をもって行動する状況を，組織内に作り出さなくてはなりません。メンバーの現状満足や根拠のない現状肯定，腰の引けた態度や逃避など，改善に対する根強い抵抗はどんな組織にも潜んで

いるものです。こうした行動様式から「何とか手を打たなければ」という気にさせる意識改革がまず求められます。

　第2段階は，改善を主導できるだけの適性と権限を備えた適切な人材を集めて，かれらがチームとして互いに信頼し合い，結束して行動できるような体制をつくることです。大切なのは，改革に対する熱意とそれを結束して推進していく能力をもった人材を選抜することで，決して一般的な意味での「優秀な人」や役職上相応しいからというような理由で指名すべきではありません。

　続く第3段階は，改善の目指す方向を明確に示すような適切なビジョンを提示することです。しばしば目にする，どこにでもあるような当たり障りのないビジョンではなく，メンバー全員の向かう方向性が明示的に表れている，自分たちが将来に向けてどう変わっていくのかの道筋が示されたものでなくてはなりません。

　第4段階は，改善のビジョンをメンバー間で共有することです。もし具体的で明解なビジョンが示されて，それが周知徹底されたならば，メンバーの誰もが「今，自分たちが達成しようとしているもの」について頭で理解するだけでなく，かれらの行動にも反映されるに違いありません。要点は，ビジョンをシンプルで，心に響くことばで伝えることです。

　次の第5段階は，メンバーの自発的な行動を促すために，その妨げとなっている組織自体に潜む障害や，心の面での障害を取り除くことです。改善に前向きに取り組もうとしている人に対して，守旧派から心ない一言が浴びせられることがないとは言えませんし，不要な会議や目的の分からない書類の作成など，雑事が山積して取り組みの時間を見つけられないこともしばしばです。こうした目標達成行動を妨げる障害は，適切に排除しなければなりません。

　第6段階は，短期間で上がる成果を示して，悲観論や懐疑的見方を封じ込めることです。改善への勢いを増すような，目に見える具体的な成果を生むよう心がけることが必要とされます。

　第7段階は，引き続きビジョンが実現するまで改善のための手立てを起こしていくことです。短期的な成果で満足することなく，問題意識をもち続け，メンバーの士気が低下することのないように，目標に向かっていかなくてはなりません。

そして，第8段階は，こうした改善行動を組織文化の中にしっかりと根付かせることです。伝統の力や慣習への回帰性向というのは思いのほか強く，注意していないと知らず知らずのうちにせっかくの改善が元の木阿弥，という事態も珍しくありません。とりわけ，組織のメンバーの一定割合が毎年入れ替わる学校のような場合，継続した改善を支える文化を醸成し，より堅固なものにしていくことは，簡単ではありませんがきわめて重要です。さもないと，ビジョンの背後にあった考え方が失われ，形骸化してしまい，机の配置だけがグループ形態になっていても授業の進め方は旧態依然だ，といったことが起こってしまいます。

　以上，ここに掲げた8つの段階について，各ステップが明瞭に識別されるかどうかは別として，そこに内包された要素は本書の事例のそれぞれにも備わっていたことが分かると思います。

＊

　ところで，協同学習では本書で取り上げたテーマである教職員の同僚性についても，非常に重視しています。協同学習の基本文献である，ミネソタ大学のジョンソン兄弟による『学習の輪―学び合いの協同教育入門―』(二瓶社)には，職員室を協同のチームからなる組織へと変革させる必要性について述べた章(第9章「協同による学校」)や，児童生徒を民主主義や社会的正義の担い手として成長させる必要性について論じた章(第10章「市民的価値観を育む」)が含まれています。学習指導に関する教育書でこのような「教師の協同性」や「市民的価値観の教育」について議論しているのは，きわめてまれなことだといえます。協同教育が目指す学び合いのより深い理解のために，本書と合わせてお読みいただければ幸いです。

編者　石田裕久

【著者紹介】
編者
杉江 修治　中京大学国際教養学部教授
石田 裕久　南山大学名誉教授

執筆者
Ⅰ章　水谷 茂　　元愛知県公立小学校校長
Ⅱ章　山本 美一　元三重県公立小学校校長
Ⅲ章　関根 廣志　元新潟県公立中学校校長
Ⅳ章　坂谷 敦子　元石川県公立中学校校長
Ⅴ章　石垣 則昭　元北海道公立中学校校長
終章　丸山弘昭（株式会社アタックス代表取締役・公認会計士）／
　　　杉江修治（編者）／水谷 茂／石田裕久（編者）

教師の協同を創るスクールリーダーシップ
―――――――――――――――――――――――――――――――

2018年9月20日　初版第1刷発行　（定価はカヴァーに表示してあります）

　　編　者　杉江修治
　　　　　　石田裕久
　　発行者　中西　良
　　発行所　株式会社ナカニシヤ出版
　　〒606-8161　京都市左京区一乗寺木ノ本町15番地
　　　　　　　　　Telephone　075-723-0111
　　　　　　　　　Facsimile　075-723-0095
　　　　　　Website　http://www.nakanishiya.co.jp/
　　　　　　E-mail　iihon-ippai@nakanishiya.co.jp
　　　　　　　　　郵便振替　01030-0-13128

装幀＝白沢　正／印刷・製本＝ファインワークス
Copyright © 2018 by S. Sugie & H. Ishida
Printed in Japan.
ISBN978-4-7795-1283-4
本書のコピー，スキャン，デジタル化等の無断複製は著作権法上での例外を除き禁じられています。
本書を代行業者等の第三者に依頼してスキャンやデジタル化することはたとえ個人や家庭内の利用であっても著作権法上認められておりません。

先生のためのアイディアブック
協同学習の基本原則とテクニック

ジェイコブズ, G.・パワー, M.・イン, L. W. 著　関田一彦 監訳

生徒間の協同の力は教室に活気を与える！生徒が効果的に一緒に勉強するのを手助けする原理と技法をグループづくりからワークの内容, 評価の方法まで具体的かつ実践的に解説する。

B5 判 198 頁 2000 円

協同学習の技法
大学教育の手引き

バークレイ, E.・メジャー, C. 著　安永　悟 監訳

一人ひとりが考え, 対話し, 活動する授業へ。なぜ仲間との学び合いが学習効果を高めるのか, 実際にどのように行い, どのように評価するのか。小・中・高校の授業改善にも。

B5 判 252 頁 3500 円

協同学習入門
基本の理解と 51 の工夫

杉江修治 著

協同の原理をしっかり踏まえた学級経営により, 子どもの動きがみるみる変わる！　形ばかりの「活発な授業」に陥らないために, 授業で工夫すべき 51 のポイントを具体的に紹介する。

A5 判 164 頁 1800 円

見ることを楽しみ書くことを喜ぶ協同学習の新しいかたち
看図作文レパートリー

鹿内信善 編著

「書くことがない」「どう書いていいかわからない」と作文に苦手意識のある人も, 楽しく取り組める看図作文を協同学習ツールとして活用する方法を解説。仕掛けを施した絵図と協同学習が学習者の様々な力を引き出す。

A5 判 198 頁 1400 円

LTD 話し合い学習法

安永　悟・須藤　文 著

仲間との教え合い, 学び合いを通して主体的な学習者を育成する, LTD (Learning Through Discussion)。その理論と実践とをスライドを提示しながら具体的に詳説。

B5 判 192 頁 2800 円

協同学習を支えるアセスメントと評価

ジョンソン, D.・ジョンソン, R. 著　石田裕久 訳

『先生のためのアイディアブック』に続く第二弾は「評価」。協同的な学びやアクティブ・ラーニングとその成果をどう評価すべきか, 具体的・包括的に著したアセスメントと評価の入門書。

B5 判 284 頁 2800 円

教師の協同を創る校内研修
チーム学校の核づくり

杉江修治・水谷　茂 著

教師の挑戦が許され, 新しいアイデアが生まれ, それを交換しあう, という姿が日常的に見られる学校へ。協同的な学校づくりに成功した小学校の実践を中心に解説。それぞれの学校で取り入れられるヒントが満載。

A5 判 132 頁 1800 円